「泣き虫」チャーチル

大英帝国を救った男の物語

広谷直路

集英社インターナショナル

「泣き虫」チャーチル

――大英帝国を救った男の物語

広谷直路

1941年［昭和16年］2月24日

英国ロンドン市ダウニングストリート10番

首相官邸 閣議室

ウィンストン・チャーチル首相と重光葵《しげみつまもる》駐イギリス日本大使が対面していた。

＊

チャーチルは英国の戦争決意について、重光に以下のように語った。

「英国はこんどの戦争を単なる利害関係の衝突以上に見ている。ナチスの非人道的政治とはとても両立し得るものではない。日本は二千年以上の光輝ある歴史をもっている。英国はこれには及ばないが、やはり長い栄誉ある歴史をもっている。もしいまナチスの政策に妥協するくらいなら英国はむしろ滅んだほうがよい。どんなことがあろうとも戦争は最後まで遂行する決心である」

そう述べたチャーチルは実際に熱涙《ねつるい》を流した。老政治家の白い顔が、折から窓から射《さ》し入《い》った日ざしで光を放っているように見えた。

『重光葵外交回想録』（毎日新聞社1953年刊）より

第3章 ヒトラーVS地獄の悪魔 97

第4章 大統領という愛人 135

装丁　大森裕二
写真提供　ゲッティイメージズ
アマナイメージズ

凡例

◎「†1」～「†112」は巻末掲載「参考文献・引用文献及び参考資料」の文献・資料番号を示します。
◎「注1」～「注27」は傍注を示します。
◎Ⓐ～Ⓠは巻末掲載「チャーチルの言葉」で英文とともに掲げられていることを示します。

ロンドン市中に現われた「チャーチル推し」の看板

プロローグ

チャーチルの70年間にわたる公人としての生活を通じて、私たちはその人格が何度にもわたって世界のあり方や歴史上の出来事に影響を与えたことを見て取ることができる。一般的に記憶されているよりもはるかに多岐にわたって。

（元英国首相　ボリス・ジョンソン）[†1]

ちょいとばかりタイムスリップしなきゃならないけれど、第2次世界大戦勃発まで、あと38日——そう、1939年［昭和14年］7月24日。イギリスはロンドン都心部のストランド街に、何とも不思議な巨大ポスターが出現した。

写真とかイラストとかが付いているわけでもない、文字ばっかりのたったの3《スリー》ワード。

WHAT PRICE CHURCHILL?

とりあえず日本語をあてるならば「もう、チャーチルでしょッ！」という感じなのだが、いったい、何がどうなっているのか？

実は、それまで鳴りをひそめていたチャーチル支援者たちが声をあげ始めているのだった。

いっぽう、「あいつばかりはご免だ！　とっくに終わった男だってばッ！」と、気色《けしき》ばむ向きが多数をしめているのも隠しようのない事実だった。

ウィンストン・チャーチル元財務相（64歳）。

ネヴィル・チェンバレン連立内閣の与党第1党である保守党の有力者。

ただし、この10年間、大臣職にはありつけていない。はっきり言って、一匹狼の《党内野党》をかこっていたわけで、ずーっと後になってから、「あれは荒野に放り出されていた10年」などとチャーチル自身は嘆いているが、ようするに干《ほ》されっぱなしだったのだ。

それで、ストランド街のこの巨大ポスター。あるサポーターが「もう黙っていられるか」とばかりに仕掛けた、チャーチル担《かつ》ぎ出《だ》しコールだった。

オーストリアを併合、チェコスロヴァキアは解体し、つぎはポーランドを狙おうという、アドルフ・ヒトラーのナチスドイツに対処できない、ネヴィル・《妥協屋《アピーズメント》》・チェンバレンにとって代わるチャーチル首相の実現こそ、このポスターが目指しているところなのである。

しかしながら、ことがそう簡単に運ぶはずがない。

チャーチルに対する政界での評価は、プラスとマイナスのどっちともがマックスに達し、それこそ真っ二つに割れていた。ここでは、敢えて悪評だけをピックアップすると、《パフォーマンス倒れ》《衝動まかせの気まぐれ政治》《戦争屋《ウォーマンガー》》……などなど。

なんだか、イギリスがいよいよ大変なことになろうかという時に、もっとも避けて通りたい、危ないリーダーそのものではないか。——21世紀の今ではチャーチルが英5ポンド紙幣の肖像になっているというのに。

3年前にはチャーチルの《オウンゴール》もあった。

エドワード8世（退位後ウィンザー公爵）の「王冠をかけた恋」事件で、スタンリー・ボールドウィン首相とのバトルに敗れたかと思うと、ついには議会で大失態をやらかしてしまった。国王と対立してまごまごする《仇敵》ボールドウィンを、立ち直らせてしまったばかりか、チャーチルのほうは政治家として致命傷を負ったと見られても、やむを得なかった。

＊

あらためて、チェンバレン連立内閣がよって立つ議会下院の勢力バランスを、直近の総選挙（1935年）の議席数でチェックすると、連立与党が「保守党387・連立派自由党33・連立派労働党8」に対して、野党サイドは「労働党154・自由党21」。

連立とはいっても、下院・全615議席の60パーセント以上を保守党だけで占める「1強」体制。自由党系と労働党系それぞれが、また裂き状態になって与野党両サイドに分断されているのは、第1次世界大戦時以来、繰り返されてきた、保守・自由・労働による3党バトルの後遺症だ。

いっぽう、チャーチルはといえば、保守党と自由党とのあいだで「出て・入って・出戻って」の《履歴》が傷あとのように残り、労働党とは早くから敵対関係にあった。

チャーチルの政界入りは1900年、その時25歳だった。

保守党から下院に当選すると、党内若手造反グループのアタッカーとして暴れまわったあげく、4年後には自由党に乗り換えてしまう。

1905年に保守から自由への政権交代があり、自由党内閣の植民省政務次官に抜擢《ばってき》され、そのあとすぐに商務長官で初入閣。

当時、新任閣僚は再選挙によって有権者の信任をうけなければならなかった。国王が任命した大臣たちを議会が審査《モニター》していた時代の名残である。

一度、議員辞職をして自分の《空席》をうめる補欠選挙にでる新任閣僚に対して、反対党はふつう候補者を立てないのが慣例だったけれど、保守党は「裏切り者」チャーチルに待ち伏せをかけた。対立候補をぶつけてきたばかりか、接戦にもちこんで落選させてしまう。

チャーチルは別の補欠選挙を見つけてなんとか再選をクリアできたが、せっかくの新入閣をあやうく棒に振るところだった。

＊

そして、第1次世界大戦中の1915年。

戦況は、短期決戦の予想をたがえる膠着《こうちゃく》状態に陥り、野党・保守党がハーバート・アスキス自由党内閣を攻撃しだした、その矢先、エーゲ海からダーダネルス海峡を突破して、トルコのコンスタンティノープル（現イスタンブール）を攻略するイギリス海軍の作戦があっさり失敗してしまった。

ピンチを乗り切るため連立をもちかける政府側に対して、野党保守党はチャーチル海軍相の「クビ」を要求し、新たに成立したアスキスの「自・保」連立内閣でチャーチルは、ランカスター公領相に左遷された。40歳の元陸軍騎兵中尉チャーチルは、「戦争にかかわれなくなっては政府にとどまる意味がない」と辞表を出し、北部フランス戦線に出征してしまう。

チャーチルが閣僚に復帰するのは1917年。デーヴィッド・ロイド・ジョージ連立内閣の軍需相だった。前年、戦争指導をめぐって、ロイド・ジョージ陸軍相（自由党）が保守党と示し合わせたクーデターにより、自党のアスキス首相を追い落として政権を奪取していた。このとき労働党も政権参加しているが、自・保・労3党のうちで、まず、自由党がロイド・ジョージ派とアスキス派に分裂したのだった。

1918年。11月に第1次大戦が休戦。

12月の総選挙では、《戦後処理》がらみで3党とも連立派と非連立派に分裂。保守党連立派が第1党になったが、ロイド・ジョージ首相（自由党連立派）は続投。

1922年。ロイド・ジョージ内閣総辞職に伴う総選挙で、再結集した保守党が勝利してアンドリュー・ボナー・ロウ内閣成立。

チャーチル（自由党連立派）は、この選挙を皮切りに総選挙2回と補欠選挙1回で3連続落選。

1923年。病気辞任したボナー・ロウを継承したスタンリー・ボールドウィン内閣（保守党）の「関税改革」解散。

総選挙の結果は、保守・労働・自由の順であったが、過半数を獲得できなかった保守党に対して、こちらも再統一した自由党の閣外協力をとりつけたラムゼイ・マクドナルドによる、初の労働党内閣が誕生した。

1924年。保守党が単独過半数を制して第2次ボールドウィン内閣が成立し、自由党から保守党に舞い戻って復活当選したばかりのチャーチルが財務相に起用された。

1926年。5月、ゼネラルストライキ。チャーチル財相が労働組合の全国組織と対決。

１９２９年。５月、総選挙。労働党が初めて第1党となり、自由党の閣外協力があって第2次マクドナルド内閣。保守党は野党に転落し、チャーチル財相も政府から去る。

同10月29日、ニューヨーク証券取引所で株価暴落。世界大恐慌への引き金をひく「ブラックサーズデー」。閣僚の仕事をうしなって収入減となったばかりなのに、当てにしていた対米投資からあがる利益が見込めないどころか、やがて借金までかかえこむことになろうとは！

チャーチルにとっても大ピンチ。

*

マクドナルド労働党内閣がインド自治領化を推進しようとし、野党第1党の保守党ボールドウィン党首も後押ししていたが、それに反対するチャーチルは保守党の《影の内閣》から身を引く（１９３１年1月）。このころから、「労・保」接近の動きが強くなった。

１９３１年8月。世界恐慌のあおりを食ったイギリスの財政危機をめぐる労働党の内部抗争からマクドナルド首相が内閣総辞職願い。

国王ジョージ5世は、労働・保守・自由3党が「大連立」を組む挙国政権《ナショナルガバメント》をたちあげたうえで首相をつづけよ、とマクドナルドに命じた。

保守党のボールドウィンは、すぐさま、大連立に飛びついてきた。

自由党では、病気療養中の党首ロイド・ジョージは大連立に反対だったけれど、幹部クラスが連立になだれ込むのを止められなかった。

労働党では下克上の嵐が巻きおこり、主要閣僚のほとんどと与党議員の大半がマクドナルドから離反していった。

挙国政権は総選挙には勝利したものの、ほんとうのところは、労働党にうち捨てられた《裸の王様》マクドナルド首相を祭りあげた、ボールドウィンの《隠れ保守》内閣。

マクドナルドを排除し野党にまわった労働党は壊滅的な236議席減。まるで、土石流に襲われたあとの廃墟のような惨状だった。

そして「与野党勢力図」は――。

与党：保守党470・挙国自由党（サイモン派）35・自由党（サミュエル派＝閣外協力）32・挙国労働党（マクドナルド派）13・挙国派無所属4
野党：労働党52（236減）・独立自由党（ロイド・ジョージ派）4・その他5

＊

ところで、チャーチル。

保守党の一員として挙国政権支持を掲げて当選してきたが、閣僚選びの対象にもならなかった。インド問題で保守党に内紛を起こしかねないチャーチルを、政権の実権をにぎるボールドウィンが目《め》の敵《かたき》にしていたわけだから。

マクドナルドが「病気辞任」したあとは、ボールドウィン（1935年）、チェンバレン（1937年）と、保守党「1強」の連立政権がつづくことになる。

＊

もしや――そう、もしや？　と、どうしても考えてしまう。

第2次世界大戦のヨーロッパ戦線でイギリスが勝利した直後の《同士撃ち》で、負けるはずがなかったチャーチルの保守党を、戦時政権から離脱したばかりのクレメント・アトリー労働党が蹴りたおした1945年［昭和20年］夏の「大逆転・サプライズ」総選挙。

もしや？　あれは、その14年前に労働党を叩きつぶした《暴風民意》の吹き返しだったのではないか！

*

チャーチルには、それが弱点なのか強味なのか、よくわからないクセがある。

泣き虫。

感きわまると目をうるませて涙を浮かべる。人前であろうとおかまいなし。

弱味を見せてしまうなどとはまったく考えない。

無類の映画好きで、お気に入りタイトルは、ヴィヴィアン・リーとローレンス・オリヴィエ主演のアメリカ映画『レディ・ハミルトン』（1941年・邦題『美女ありき』）。

自邸の映写室で何度も開いていた上映会のたびに涙を流しながら「うむ、これぞ史上ベストワン！」と絶賛していた。

この作品は、ホレーショ・《スーパーヒーロー》・ネルソン提督と、愛人エマ・ハミルトンとのラヴ・ストーリー。英国公開時には、原題『愛人《ウーマン》ハミルトン（That Hamilton Woman）』が、チャーチルのごり押しによって、《貴婦人《レディ》ハミルトン（Lady Hamilton）》に改変されたエピソードが残る。

ほかにも、第2次大戦時の盟友、故フランクリン・ルーズヴェルト米大統領のロンドンにおける追悼式では、人目をはばからず、涙腺《るいせん》ぐだぐだの涙を拭《ぬぐ》おうともしないチャーチルに、あの、見え透《す》いたパフォーマンスは不謹慎だ！　との非難もあがった。

＊

さて、ウィンストン・チャーチル。

二度の世界大戦に体をはった政治リーダーであるとともに、ノーベル文学賞受賞作家。ジャーナリストで画家。また、自邸の塀だって築いてしまうＤＩＹのレンガ積み職人。

イギリスの一大国難の前に立ちはだかり、向こうっ気がめっぽう強い一方、とんでもない泣き虫でもあるこの男、いったいどこから、どのようにしてやって来たのか？

＊

２０２４年は、ウィンストン・チャーチル生誕150年・没後60年の節目――。

20世紀を代表するこの政治リーダーは、まだまだ私たちの視界から消えていきそうにはないのである。

プロローグ参考文献

ジョンソン著『チャーチル・ファクター』[†1]
河合秀和著『チャーチル』[†2]
ギルバート著『イン・サーチ・オブ・チャーチル』[†3]
同『チャーチル：ア・ライフ』[†4]
同『ウィンストン・チャーチル 1922−1939』[†5]
トーマス著『チャーチル』[†6]
キーガン著『チャーチル』[†7]

史上有名な「血と汗と涙と苦汁」演説をする
チャーチル

第1章

血と汗と涙と苦汁

学校ぎらい

ロンドンの西北部、小高い丘のなごりがあるハーロウ・オン・ザ・ヒル。

イートン校とならんでいつも名前があがる名門パブリックスクールのハーロウ校は、17世紀の開校以来400年近く、そこにある。

1819年に増改築された姿ですっくと立つ赤レンガ造りの旧校舎《オールドスクール》は、あるいはご存じかもしれないが、映画『ハリー・ポッター』の撮影にも使われた歴史的建造物。

そのハーロウ校の生徒たちの歌声が今もキャンパスにはずむ。

このきびしい時代だからこそ
声高らかにたたえよう
わたしたち国民のリーダー
移りゆく時と世代をこえて
リスペクトしつづける
その人の名は、チャーチル†8

生徒たちが集団生活をおくる全寮制のハーロウ校には、長い歴史にはぐくまれ、ずばり《ソング》とだけ呼びならわされた学園歌が数多くある。それらを代表する『永遠《とわ》の学《まな》び舎《や》』の特別バージョンにインサートされた、これは、ワンフレーズ。

初めて歌われたのは、1940年［昭和15年］12月18日。伝統イヴェント「ハーロウ校ソングフェスト」のゲストとして、第61代イギリス首相ウィンストン・チャーチルが、母校を訪れた日だった。

やがて、この「ソングフェスト」は、偉大な先輩の名を冠した「チャーチル音楽祭」となって、秋学期の恒例行事として21世紀の今日まで受けつがれてきた。2012年12月には、「第47回」イヴェントがロンドンの多目的催事場ロイヤル・アルバート・ホールで開催された。

いっぽう、チャーチルを記念するケンブリッジ大学チャーチル学寮《コレッジ》は、エリザベス2世女王の勅許により建学され、2010年に創立50周年をむかえた。

創設基金キャンペーンの先頭にたち、起工式にのぞんだ84歳のチャーチルは「一粒の小さなタネが、このキャンパスを花でいっぱいにするにちがいありません」[†9]とスピーチをして、記念植樹では力強いスコップさばきを見せた。

いまやたしかに、花は咲きそろっている。

建学から2015年までの60年間で、創始者のチャーチルをはじめとして、この学寮の特別研究員《フェロー》、栄誉フェローなど関係者30人が、ノーベル賞受賞者リスト――物理学賞8、生理学医学賞8、経済学賞6、化学賞4、文学賞4――に名を連ねているのだから。[†9]

チャーチルが初めて「ハーロウ校ソングフェスト」を訪れた1940年12月は、第2次世界大戦のさなか、ロンドンがドイツ空軍の猛爆にさらされつづけたときであった。

母校の後輩たちが、《ソング》のひとつに自分の名を歌いこんで迎えてくれたことに、チャーチルは感激していた。

「《ソング》は、いつも私たちの人生にひらめきをくれる宝もの。けれど、アドルフ・ヒトラーは『今度の戦争はヒトラー学校とイートン校、それぞれの卒業生によって戦われている』とか言っているようです。肝心のハーロウ校を忘れるなんて、けしからん話ではありませんか」と即興のスピーチをおこなった。[†8]

それはそうとしても、ハーロウ校時代のチャーチルを知る誰もが、彼がこれほどの人物になるとは思いもしなかった。100年早く生まれてナポレオンと戦いたかったのに、と夢想する少年チャーチルを除いては。

はなからつまずく羽目になるのが、入学試験でお手上げだったラテン語。

チャーチルは、「まず答案の上に名前を書き、つぎに問題の番号1を書いた。それからずいぶん考えてから、その周りに（1）とひとつ、括弧《かっこ》をこしらえた。が、その後は、これに関係したこと、もしくは該当したことは何ひとつ考えられなかった[†10]」。

ようするに、2時間まるまる問題と睨《にら》めっこをしたあげくの白紙答案。

それでも、校長は入学を認めてくれた。さすが名校長、「ものの下に潜む真相を洞察《どうさつ》する、たんに紙片の成績によらない人[†10]」だったと、チャーチルはもちあげているが、名門公爵家出身の有力政治家の息子ということを慮《おもんぱか》っただけかもしれない。

「ギヴイン」か？「ギヴアップ」か？

チャーチルのフルネームは、ウィンストン・レナード・スペンサー＝チャーチル。

ランドルフ・チャーチル元財務相の長男で、第7代マールバラ公爵の孫。

少しつけ加えると、初代マールバラ公爵ジョン・チャーチルという人が、すごい！

18世紀初めに、ヨーロッパ最強《太陽王》ルイ14世のフランス軍を破り、大英帝国が世界覇権を目指すベースを築いた軍人政治家で、「軍略家・戦術家として、また戦時為政者・戦時外交家としてのマールバラに対しては、史上いかなるイギリス人もその右に出る者はいない」[†11]と、20世紀の著名な歴史家が書くぐらいだから。

由緒ある貴族のあかしとなる二重姓《ダブル・サーネーム》「スペンサー＝チャーチル」の《スペンサー》は、ダイアナ元皇太子妃の実家スペンサー伯爵家。つまり、チャーチル家は、今ではイギリス王室と縁つづきということ。

さて、なんとか名門進学校に滑りこんだチャーチルであったが、やはり、学力不十分のマイナス評価はついてまわる。大学、とくにオックスフォード、ケンブリッジへ進むために当時は必修だった、ギリシア語・ラテン語はとてもじゃないがムリ。だから、それを勉強しなくてもよい、いわば《補習クラス》に入れられた。

そこでは、せめて母語ぐらいはと、英語を集中的に勉強させられた。しかも、なかなか進級できずに同じ授業を何回も受けた。おかげで有名大学への道はとざされてはいたが、ここでたたきこまれた英語力が後年ものを言うことになる。けれどもそれはまた、べつの話なのである。

チャーチルは、わがまま放題に育った。

のちに、保守党のチャーチルとは《大連立政権》のパートナーであったり、政敵にもなった労働党首クレメント・アトリーの姉と、住み込みの女性家庭教師《ガヴァネス》が同じだったとわかった。アトリーがその教師から聞いた話として覚えていたのは、子どものくせになんとも傲慢《ごうまん》な性格だったということ。

そんなわけだから、ハーロウ校でもそう簡単には友人をつくれなかった。

けれども、何がきっかけになるかは分からないもの。まだ入学したてのころ、チャーチルは、むこう向きでプールサイドに立つ小柄な生徒を、自分と同じ新入生と勘違いしていたずらを働く。うしろから近づくなりプールに突き落として、その場から逃げ去った。

あとになって、相手は、最上級生の体操選手で学校新聞の編集長でもある、レオ（レオポルド）・エイマリーだと知った。さすがに、まずい相手にまずいことをしたと思ったチャーチルは、翌日の朝礼のあとでエイマリーに歩みより「きみがあんまり小さかったから、ついその気になって……」と言い訳にならないことを口に出してしまってから、「でも、ぼくの父だって体は小さいけれど偉い人なんだ」[†12]と言いそえたという。[注1]

――それがどうした？　と言われてしまえば、それまでだったろうに。

ところが、エイマリーは、そばかすだらけの顔をつき出してそう言いつのるチャーチルに対して、「その生意気さが気に入ったよ」と笑いとばし、以来ふたりは親しくなった。[†13]

エイマリーは、オックスフォード大学オールソウル学寮の特別研究員から、ジャーナリストを経て38歳で政界入りする。彼が保守党下院議員になった1911年には、政治家としては先輩のチャーチルは、ハーバート・アスキス自由党内閣の内務相と海軍相を歴任しているところであった。

そのころ、たまたま近くまで来たチャーチルがハーロウ校にたちよった。

ところが、保守党から反対党の自由党へと所属をかえてでも大臣になりたがる変わり身の早さで評判の悪い彼に、生徒たちは、いっせいにブーイングを浴びせかけた。たまらず退散したチャーチルは「二度と来るものか」と怒りまくった。のちに父と同名の長男ランドルフもハーロウではなくイートン校に入学させた。

しかし、首相となったチャーチルは母校からの招待に応じてかえっていった。

1940年につづいて翌年もハーロウ校ソングフェストに参加して、いくつもの《ソング》を歌詞集をみることなく生徒たちと熱唱した。フランスが早ばやと降伏しイタリアが敵側で参戦し、独ソ戦が始まるまでは、ナチスドイツに対してイギリスが孤軍奮闘してきた状況を思いうかべながら熱弁をふるった。

「問題が大きいとか小さいとか、大変だとか、大変じゃないとかに関係なく、**絶対に屈伏してはなりません《ネヴァー・ギヴィン》。断じて《ネヴァー》！　断じて《ネヴァー》！　断じて《ネヴァー》！**

注ー この本『チャーチル・アンド・ハーロウ』にエイマリーによる回想エッセイ《出会い》が入っている。

名誉と道理にもとづかないかぎり、服従してはいけません。戦力に怖《お》じけづいてしり込みしてはなりません。圧倒的な勢力の敵であっても、その言いなりになってはいけないのです」[†14] Ⓐ

＊

ところで、日本では第2次大戦後の比較的早い時期に「ネヴァー・ギヴイン」が、どういうわけか「ネヴァー・ギヴアップ」というように紹介され、一部に《定着》してきた。

そして、2012年の年頭。当時の民主党・野田佳彦《のだよしひこ》首相が、チャーチルの言葉を引くと前置きして「ネヴァー・ギヴアップ」といったら、野党の自民党議員らから「チャーチルの言葉と言うなら、《ネヴァー・ギヴイン》でなければおかしい。《ギヴアップ》じゃ、誤引用になる」と指摘された。

「ギヴイン」？　それとも「ギヴアップ」？

間違いのないところを言えば、「ネヴァー・ギヴイン」は、チャーチルが生涯掲げつづけたモットーであるし、彼の演説集のタイトルにもなっていること。

あとからもう一度くらい出てくるけれど、現代日本の政治家たちはどうやら「チャーチル・ネタ」がお好きなようで、なにかと引き合いに出してくださる。

〝王冠をかけた恋〟事件

1936年［昭和11年］12月、「王冠をかけた恋」——もともとは、ただの不倫——のエドワード8世の退位問題をめぐって、チャーチルが議会で大失態を演じた。

７年前の１９２９年、副首相格の財務相を退任したあとは、保守党主流との対立をくりひろげて、党内反主流に孤立していたチャーチルだったが、１９３３年［昭和８年］、ドイツにアドルフ・ヒトラー政権が出現し再軍備を進めて以来、その危険性を激しく警告しつづけて発言力をとりもどしつつあっただけに、このしくじりのダメージは大きかった。

その年1月に即位したばかりのエドワード8世は独身の42歳。

チャーチルとは、25年前の皇太子就位式にチャーチルが《青年内務相》として立ち会って以来、特別に親しい関係がつづいてきた。

国王は、戴冠式を翌年にひかえた11月になって、いよいよ結婚を決意したことを、スタンリー・ボールドウィン首相に告げた。相手は不倫関係にあった40歳のアメリカ女性ウォリス・シンプソン。すでに離婚歴が1回あり、現在の夫とのあいだでも離婚手続きが進行中で、まもなく、それが成立する見込みという。

首相としては、さようでございますか、と言うわけにはいかなかった。

国王はイングランド国教会の首長でもある。そして国教会は離婚を認めていない。

国王と離婚歴のある女性との結婚には、世論だって反発するだろう。へたをすると、政府が巻きぞえにもなりかねない。

どうしても結婚されるのでしたら、退位なさるべきです、と首相は自分の考えを伝えた。また、陛下にご結婚をあきらめていただけないようであれば、内閣は総辞職しなければなりません、とも。

国王大権によって首相が任命されていた当時にあって、今や、国王と首相がもろに正面衝突を起こしているのだから、国政は大混乱におちいらざるをえない。

首相は、野党の労働党と自由党のリーダーとともに、なぜか、与党内野党のようなチャーチルまで首相官邸に呼んでたずねた。内閣総辞職の場合、あなた方は後継首相を引きうけるおつもりか、と。

野党のふたりは、即座に、とんでもないと答えたが、チャーチルは黙って聞いているだけだった。

ボールドウィンの後任として、国王がチャーチルを首相に指名する可能性だってあるのだから、「ときならぬ17世紀的な宮廷劇によって、チャーチルがボールドウィンを倒すことにもなりかねなかった」[†2]——じつは、チャーチルはそれを狙っている、という見方がぱっと広まった。チャーチルにしてみれば、このようなかたちで国王の退位がおこなわれては、立憲君主制がくつがえってしまう、と反対していただけだったと言いつのることになるが。

実際にはチャーチルは国王に会って、結婚問題はいったん《棚上げ》してはいかがですか、と助言していた。時間をおけば国王の《熱も冷める》だろうと考えたのだ。しかし、チャーチルは結婚にこだわる国王の気持ちを計りきれていなかった。

12月3日の木曜日から週末にかけて、首相とチャーチルのあいだでめまぐるしい《駆け引き》があった。

チャーチルは下院で、「このような重大事を議会にはからずに進めてはならない」と政府を追及し、「国王には熟慮する時間が必要」と、エドワード8世を擁護するメッセージを新聞各社に配布した。

ボールドウィン首相のほうは、クリスマス前に事態を収拾させることで閣内の意見をまとめてから国王と会見し、「結婚か、退位か、早急にご決断を」とせまった。

週明け12月7日の月曜日。

チャーチルは、正午から《英仏友好午餐会《ランチョン》》に出席していたため、首相への質問を受けつけるクエスチョンタイムが進行中の下院には遅れて顔を出した。——議会を味方につければ国王の退位は回避できると思いながら。

「しかし、残念なことに、チャーチルは下院のムードを完全に読み間違えていた。ほとんどの議員たちは過去数日、地元の有権者たちから王の不倫についての厳しい意見や小言を聞かされていたのだ[†1]」

質問に立ったチャーチルは、たちまち、怒号に見舞われた。

「嘘つき！」「本当のことを言え！」

一瞬、ぎょっとさせられたチャーチルだったが、顔を真っ赤にしてまくし立てつづけていると、とつぜん、議長にさえぎられた。

「発言停止《オーダー》っ！」

クエスチョンタイムに質問ではなく演説をしているではないか、との議長裁定。

チャーチルはボールドウィン首相に「国王を破滅させれば気がすむのか！」と吠えてから議

場を立ち退いていった。

12月10日、すでに退位を決意していたエドワード8世が退位証書に署名し、ウィンザー公爵となって国外へ去った。

1937年5月、新国王ジョージ6世の戴冠式のあと、ボールドウィン首相が引退し、後任は対ヒトラー宥和《ゆうわ》妥協《だきょう》（アピーズメント）路線をひきつぐネヴィル・チェンバレン財務相となった。

《王冠をかけた恋》事件のあと、「政治生命が尽きた」とため息をついてみせたチャーチルだったが、じつのところ、ただでさえ少ないチャーチル・シンパが、女婿《じょせい》のダンカン・サンズを含めてたった3人になってしまった。[†2,4,5,15]

*

それでもチャーチルは、対ファシスト・アピーズメント政策をとる政府に反抗しつづけた。

1938年［昭和13年］のミュンヘン協定。

「アピーズメント外交」と言いながらヒトラーに屈伏《ギヴイン》しているだけじゃないか、とチャーチルは、激しく抗議した。

協定に対する議会の採決では、連立与党内からチャーチルをはじめとする30人が棄権にまわり、チェンバレン首相の保守党主流の怒りをかった。

だが、1939年［昭和14年］9月1日のドイツによるポーランド急襲――第2次世界大戦の開戦――によって状況は一変した。

対独宣戦布告にふみきらない首相に対して議会が猛反発した。閣僚の一部からも突きあげがあった。

そして、イギリスがドイツに宣戦した９月３日、チェンバレンは、保守党内抵抗勢力のチャーチルを海軍相として内閣に取りこまざるを得なかった。

閣僚へは10年ぶり、海相としては24年ぶりのチャーチルの返り咲き。

ポーランドが、独ソ間の事前の秘密協定にもとづいて分割されたあと、１９４０年春までにソ連（ソヴィエト社会主義共和国連邦、現ロシア連邦）はフィンランドを攻め、ドイツはノルウェーへ侵攻した。

ヒトラーが、ドイツの西部国境を越えて陸軍を押しだしてこなかったから、英独軍が戦火をまじえたのは大西洋上とノルウェー戦線。

大西洋ではドイツのＵボート（潜水艦）攻撃による多大な損害をこうむり、ノルウェーではイギリス軍がドイツの空軍力に圧倒されて撤退していた。

そして１９４０年５月７日および８日の「ノルウェー・ディベート」が、チェンバレン首相にとって想定外の展開となって、議会が戦場と化してしまった。

きっかけは、「休会討論《アジャーンメント・ディベート》」だった。

議会のドアをいったん閉める前に問題は片づける、というシステム。

ディベートの最後に政府側から休会動議が出され、紛糾していないかぎり賛否の投票はおこなわれず、「異議なし」の発声で休会になることから《休会討論》と呼ばれていた。

つぎのようにふたつのケースがある。
A　毎日の下院審議の最後に30分だけ、役職についていない政府外の与党議員からの質問をうけつける。
B　日程に休日が挟まり、急を要する論争点がある場合、野党議員および政府外与党議員からの質問にこたえる集中審議。
「ノルウェー・ディベート」は、聖霊降臨節《ペンテコステ》の休日前にセットされたBのケース。[†16]しかし、このときの論戦はノルウェーでの敗退をめぐって戦わされるわけだから、すんなり着地できるとは政府側も考えていなかった。

それでも連立与党が、下院615議席の70パーセント近くを占めて、与野党の議席差が213もあった。たとえ投票段階で造反が起きても、たいしたことにはならないだろう。

「神の名のもとに告げる！」

チェンバレン首相を追いつめるきっかけをつくったのは、与党保守党のエイマリー元植民相だった。そう、チャーチルにハーロウ校のプールに突き落とされた、あのレオ・エイマリー。すでに保守党の長老であり、つぎの首相候補のひとりと見られていた。

第1次大戦後のロイド・ジョージ連立内閣では、自由党のチャーチルが陸相と植民相、保守党のエイマリーが海相として入閣していた。

エイマリーは入念に準備をし、日頃あたためていた先人の言葉を胸に秘めて、この日の議会にのぞんだ。彼は閣僚席後方の与党側から立ちあがると、内閣の戦争指揮ぶりをきびしく批判していった。

「命のために自由のために、すべてをかけて戦っている我々は、戦時下にふさわしくない現内閣のもとではこれ以上戦えない」と断言し、ピューリタン革命の剛腕リーダー、オリヴァー・クロムウェルが１６５３年に議会に対して放った言葉の矢を射かけた。

「諸君らとは、もうお仕舞いにしよう。ここを出て行け！　神の名のもとに告げる！　立ち去れ！」

陸海空３相のチーフ格として、政府を代表する立場だったチャーチルは「長年の友にあのように糾弾《きゅうだん》されたのはショックだった」と、後年語っている。

しかし、もっとダメージを受けたのは首相のほうだったろう。エイマリーが国政にうって出る際に支援して以来の盟友、とチェンバレンは思っていたのだから。

まもなく、体調をくずして役職からすべてしりぞき、６ヵ月もしないうちにすでに死の床にあったチェンバレンから、エイマリーに手紙がとどいた。[注2]

「あのときは落ちこんだものだよ」と。[†17]

保守党内に動揺がはしった。

それを見た野党・労働党は、政府提出の休会動議に対する賛否の投票を要求する「賭け」に

注2　ガンを患っていたが、本人を含めて誰も知らなかった。

でた。なぜ賭けか、といえば、それは事実上の信任投票になるわけだから。

与党内の結束の乱れをついて、反対投票をふやすことができれば政権にダメージを与えられるが、逆に、現有議席数差どおりに圧倒的な賛成票ならば、今は揺らいでいる政権基盤がビクともしなくなってしまう。

2日目に野党労働党のハーバート・モリソンが立って、休会動議の採決を求めると、不意をつかれたチェンバレン首相は思わず立ち上がり「受けて立とうじゃありませんか！　私には味方が大勢いる！」と叫んだ。

それをさえぎって発言を求めたのが、かつて自由党のカリスマであったのに、一時は独立自由党というミニ政党を率いるだけになっていた、デーヴィッド・ロイド・ジョージ元首相。

往年のスピーチ名人が発言するのを今か今かと待ちかねていた議場がワッとわいた。

「首相の味方がいるとか、いないとか言ってる場合じゃありませんぞ。ご自分を犠牲にする覚悟をみせるべきです。首相の辞任こそ勝利への貢献なのだから」と、こちらも退陣をせまった。[†14]

さらに労働党のアルバート・アレキサンダー、自由党党首のアーチボールド・シンクレア、ミュンヘン協定に反対してただひとり閣僚を辞任した保守党のアルフレッド・ダフ・クーパー元海相らが政府追及の火の手をあげた。

チャーチルは防戦する政府側で、首相にかわって総括スピーチをおこなう。

けれど、保守党主流の一部では、「信用できるもんか？」と、チャーチルの《本気度》を疑っていた。

チェンバレン・グループに属する、アメリカ生まれの陽気な保守党下院議員ヘンリー・チャノンが、日記に書いている。

「チャーチルは戦闘モードにこそ入ってはいたけれど、もともと自分の敵だった者をまもり、また信じてもいない主張を弁護するという皮肉な立場を、せいいっぱい楽しんでいるとしか見えなかった[†18]」

また、ロイド・ジョージが「首相の防空シェルター役をチャーチル海相がつとめるなどもってのほか」とクギをさしたときは、チェンバレンをはじめ、周囲の者の表情が凍りついたようにこわばるなかで、「ふとった赤ん坊のように足をばたつかせながら、笑いをこらえるのに懸命な」チャーチルが目撃されている[†19]。

チャーチルの総括スピーチが終わり議長が「投票」を宣言すると、議事堂全体にベルが鳴りわたる。この投票は、言うならば「身体《しんたい》投票」である。議場の両サイドで向かいあっている「賛成ロビー」と「反対ロビー」を通過する投票者の数で賛否が判定される。棄権する者はそのまま議席に座りつづけ、その意思表示をする[†16]。

議場はすでに騒然としていた。

怒号が飛びかい、反対ロビーへ向かう造反議員たちが、もみくちゃにされながら愛国歌『ブリタニアよ、先頭に立て《ルール・ブリタニア》』[注3]を歌っていた。

注3　ブリタニアはイギリス本国と大英帝国を象徴する女神。

投票結果は、賛成281、反対200。下院幹事長のデーヴィッド・マージソンら与党幹事団が必死になって引き締めにかかったにもかかわらず、200以上あったはずの賛否の差が81票まで落ちこんでいた。

与党陣営から流れた反対票はエイマリー、ダフ・クーパー、ハロルド・マクミラン（のちの首相）らの41、棄権が60を超えた。

事実上の信任投票に勝ったのだから、ふつうなら政権が不安定化するケースではない。しかし、国難に立ち向かっている最中に与党内が激しく分裂してしまっているわけだから、なんとも始末におえない。

チェンバレン首相がエイマリーに会い、反対派のきりくずしにかかる。

「財相と外相のどちらでも好きなほう、というおざなりのオファーを出したりしたが、エイマリーはもちろん蹴った[†20]」

さて、どうする？　最大野党の労働党をまきこんだ《大連立》をもくろむのか？

《戦時特例》によって、とっくに《総選挙・延期》とされてしまっているから、下院を解散するわけにはいかない。やっぱり、内閣総辞職への崖っぷち。

チェンバレン退陣の場合の後継候補は、圧倒的にエドワード・ハリファックス外相。保守党のナンバー2《ツー》だ。

チャーチルに対しては、与野党両陣営ともにあった不信感が、そう簡単にぬぐえるものではなかった。

第１次世界大戦のダーダネルス海峡突破作戦の失敗で海相を更迭《こうてつ》された過去があるではないか。内相時の炭鉱ストライキ弾圧や財相としてのゼネスト対応を、労働党としては見逃すわけにはいかない。

保守党から政界デビューをしたものの台頭する自由党に鞍替《くらが》えして閣僚職につき、さらに、「沈没する船から逃げだすネズミはいても、そこへ帰ってくる者はいない、と言われたけれど」と、うそぶきながら保守党に復帰してきたことも、保守党内の怒りをあおり立てていた。

１９３９年の第２次世界大戦開戦がなければ実施されたはずの総選挙を前にして、チャーチルの選挙区に「刺客」を送りこもうと、保守党主流が画策した事実もあった。

国王が信頼する後継候補

ヒトラーが明日にもドイツの西部国境を越え、ドーヴァー海峡をめがけて押しよせてこようという緊迫した状況下のイギリス政治の混乱である。世界じゅうが固唾《かたず》をのんで見つめていた。

外相のハリファックス卿は、祖父の代からの子爵家（のちに伯爵）をついだ貴族。

２０１３年に誕生したジョージ王子を長子とするプリンス、プリンセスたちの高祖父で、映画『英国王のスピーチ』のジョージ６世国王、エリザベス王妃（エリザベス２世女王の母）夫妻の信頼もあつかった。

自宅から外務省へは、国王夫妻から貸与されていたキーで門扉《もんぴ》をひらき、バッキンガム宮殿の庭園のなかを通りぬけて出勤していた。庭園を散策中の国王とばったり出くわし立ち話をすることもあったようだ。ヒトラーとは、チェンバレン首相にさきがけて会見し、ミュンヘン協定を推進した首相の片腕。

5月9日の朝、チャーチルの長年にわたる盟友ビーヴァーブルック卿（本名マクスウェル・エイトケン）が、チャーチルに会いに行った。

カナダ生まれの保守党上院議員で、イギリスの新聞王でもあったビーヴァーブルックが、「ハリファックス首相のもとでも閣僚をつとめる気なのか」と聞いたら、「彼の答えは『戦争遂行能力のある首相なら誰であれ仕《つか》える』だった。私はチャーチルがトップの座にすわることを期待していたから、これにはがっかりした。ほんとうに、イギリスをまもるためには彼が必要であるし、国じゅうが望んでいたと思う。ほかの誰かなどとなればそれこそ事件だ[20]」。

アンソニー・イーデン自治領相は、第2次大戦後チャーチルの姪である評判の美人、クラリッサと再婚し、さらにそのあとでチャーチルを後継して首相になるが、それはずっと先の話。

1938年には、イタリアのファシスト、ベニート・ムッソリーニとの交渉をめぐってチェンバレン首相と対立して外相を辞任していたが、39年9月、チャーチルとともにチェンバレン内閣に復帰した。

保守党内反主流の若手下院議員は、激しく波風をたてるチャーチルのもとにいて主流派に睨まれるよりもいいだろうと、イーデンの周囲に多くあつまり、その集団は、映画スターばりのルックスが話題のイーデンへの皮肉もこめて「魅惑《グラマー》ボーイズ」とよばれていた――イーデン再入閣のあと彼らを率いたのはレオ・エイマリー。

そのイーデンがビーヴァーブルックと同じ日に、チャーチルとランチをともにするために海相公邸へ行くと、そこにチェンバレンの側近であるキングズリー・ウッド王璽尚書《おうじしょうしょ》注4がいたのには少々びっくりした。

チェンバレン首相はハリファックスを後継者にと考えていて、それをチャーチルに同意させるつもりだから、「そんな話を呑んじゃいけませんよ。口を閉ざしてください」と、ウッドが言うのを聞いて今度は心底おどろかされた。†20

見えすいた《罠》

5月9日午後4時半、チャーチルがチェンバレンに呼ばれて首相官邸まで出むくと、そこにはハリファックスと下院幹事長のマージソンがすでに来ていた。

チェンバレン辞職の場合、後継首相に誰を推すかの与党内協議である。

チェンバレンとチャーチル両方の首相秘書官を、はからずもつとめることになったジョン・コルヴィルは、このシーンについて、チャーチルの「お気に入りトーク」を、あとから何度も聞かされることに。

チェンバレンがチャーチルとハリファックスを閣議室に呼び、チャーチルに向かってこう言

注4　イギリス内閣の無任所《むにんしょ》大臣。国王の御璽《ぎょじ》（印章）の管理が役職名の由来。政府内序列が高く、功労者や重鎮の任命もあったが、現在は上院院内総務の兼任が慣例になっている。

ったシーンだ。

「ウィンストン、近ごろ上院議員が首相になれないのには、何か根拠があると思うかね」

チャーチルに対する見えすいた《罠》だ。

誰が首相になろうとその下では働くとすでに宣言していたので、チャーチルは、「上院議員ではだめです」とは言えなかった。「いや、なんの根拠もないですね」と言ったり、あやふやな答えをすれば、チェンバレンは、「チャーチルも同意していることだし」と言ってハリファックスを首相に推挙するにちがいない。

そこでチャーチルは「くるりと背中を向け、窓外の近衛騎兵連隊閲兵場《ホースガーズパレード》をじっと見おろし、何も答えなかった。ぎこちない沈黙が生まれた[†21]」。

やはりこういう手で来たかと、むかっ腹を立てたにちがいないチャーチルだったが、みずからの回想録のなかで次のように書いている。

長い沈黙のあとハリファックスは、「下院に籍をおかない貴族としての立場上、このような戦時の首相としての責任を果たすのは非常に困難であろう[†22]」と言って降りてしまったのだ。

しかし、「貴族としての立場上」は一種の口実。本心は、閣僚にチャーチルを抱え込んだまま首相になっても戦争遂行の主導権をうばわれて単なるお飾りになる、チェンバレンともじゅうぶんに協議を重ねてあって、この際、チャーチル首相の「抑《おさ》え役《やく》」として閣内にとどまるつもりだった。保守党内にはチャーチル政権短命説が根づよいことでもあるし。

外務省から首相官邸に出向していた25歳のコルヴィルは、この時点ではまだチェンバレンの首相秘書官だった。彼は、どちらかと言うと官僚の多くと同じ「アンチ・チャーチル」のほうで、5月10日の日記にこう書く。

「昨夜首相（チェンバレン）はウィンストンとハリファックスに、いずれの内閣であっても喜んで加わるつもりだと伝えた。ハリファックスは組閣をきっぱりと断った。ウィンストンは舌なめずりをした」[†21]

ハリファックスは、信心深い貴族で趣味はキツネ狩り《フォックスハンティング》であり、あらゆる局面で計算が行きとどき、また、ひとすじ縄でいかないところから「聖なる狐《ホーリーフォックス》」と呼ばれていた。

首相の座をゆずると見せておいて、じつはトップの抑え役にまわるとは、まさにホーリーフォックスの考え方そのもの。しかも、このニックネームの名付け親は、そもそもチャーチルだったのだから、また念の入ったことであるが。

ハリファックスの話が終わってしばらくすると、労働党のクレメント・アトリー党首とアーサー・グリーンウッド副党首が閣議室にまねき入れられた。チェンバレンが、労働党の連立参加について、自分が首相のままでもオーケーか、それとも新首相のもとでなら可能なのか、ふたつのケースでご検討願いたいと言った。

労働党側は、開催中の党大会に諮《はか》るとこたえて引きあげていった。

「血と汗と涙」を約束

1940年［昭和15年］5月10日は、文字どおり怒濤《どとう》となって押しよせてきた。

ドイツ軍のベルギー、オランダ侵攻の一報があり、空軍相と陸軍相が、軍部3大臣委員会議長でもあるチャーチルの海相公邸にかけつけてきた。手早く状況を把握し指示をだすと、午前6時には3人で朝食をとった。

午前7時30分。電話をかけてきた長男ランドルフ・チャーチル陸軍中尉（当時）と戦況について話したチャーチルは、前日までの、首相になるかもしれないという話が、この状況でどうなるのかと聞かれて、「わからないね。今は敵をやっつけることで頭がいっぱいだ」とこたえた。

そのしばらくあと、チェンバレンは、「緊急事態にあって内閣が交代するのはまずいのじゃないか」と、続投をほのめかす考えをウッド王璽尚書にぶつけたが、「緊急事態だからこそ交代を急ぐべきです」と言下に反対された。

午前8時、首相官邸で1回目の閣議。11時30分、同じく2回目。午後1時、海相公邸で国防委員会、そして午後4時30分から3回目の閣議。

チャーチルはフルスロットルで動いた。

午後4時45分ごろ、労働党のアトリー党首が、党大会が開かれていたボーンマスから、首相官邸に電話をしてきて、その内容が閣議室の首相へメモで伝えられた。

「労働党はチェンバレン氏以外の首相のもとであったら連立政権にくわわる用意がある」と。

首相は内閣総辞職にふみきることに決め、バッキンガム宮殿へむかった。

国王ジョージ6世は、首相から辞任の申し出があったあと懇談した模様を日記に書いた。

「もちろん私は、後任はハリファックスではないかとほのめかした。しかし、彼は貴族であることを理由にすでに断ったとのこと。ハリファックスには一時的に貴族を返上させてもよかったのに」と、国王はひどく落胆していた。

＊

ここで、いったん、《貴族と首相》について整理する。

1895年に第3次内閣を組閣したソールズベリー侯爵のあとは、貴族首相が誕生していなかったけれど、1940年の時点で、貴族が首相になれなくなってしまっていたわけではない。ただ、上院議員であるハリファックス卿が首相になっても下院の議事に出席し発言することができない。選挙によって選ばれる下院とは違って、ステータスとしては「第2院」にあたるのが上院で、上院議員の首相には下院への出席権がなく代理をたてなければならない。

議会の機能としては、下院のほうが上院より優位にあるわけで、その下院に出られないとあっては、ハリファックスが「戦時の首相としての責任を果たすのは非常に困難であろう[†22]」と言ったのは、無理のないところだ。

国王の言う「貴族を返上させて……」については、実際の例がある。時代は下がり、下院議員だけが首相になれるようにシステムが改まってからではあるけれど。

1963年、ジョン・プロヒューモ陸相（閣外相）の「セックススパイ・スキャンダル」が尾を引いて退陣したマクミラン首相の後を継いだのが、アレキサンダー・ダグラス＝ヒューム。彼は伯爵位を返上し首相に就任してから補欠選挙にうって出て下院議員に転じている。そして、そのバックステージにおいては、エリザベス2世女王の大権が働いていたとも言われて……。

いや、1940年のバッキンガム宮殿に話を戻そう。《意中》のハリファックス卿が降りてしまったと聞いてジョージ6世がガッカリしているシーンである。首相任命権者である国王が「それでは後継者は誰がよいのか」と助言を求めると、「ウィンストンをお召しになるのがよろしかろうと存じます」と、チェンバレンがこたえた。[†20]

*

首相になったチャーチルが、さっそく組閣にとりかかった。チェンバレン枢密院議長（保守党）、アトリー王璽尚書《おうじしょうしょ》（労働党）、ハリファックス外相（保）、グリーンウッド無任所相（労）、チャーチル（保）みずからは新設の国防相を兼任して、この5人で戦争内閣を構成した。

5人は戦争閣議の常任メンバーであり、戦時体制いっさいの責任を負う。「保守党3：労働党2」でバランスをとったようにみえるが、実際の政権運営が始まると「チャーチル&労働党」チームに対する「ハリファックス&チェンバレン」チームという構図がはっきりしてくる。

戦争内閣以外の26人で構成する全体内閣《フルキャビネット》の閣僚には、ウッド財相（保）、ビーヴァーブルック航空機生産相（保）、イーデン陸相（保）。ノルウェー討論で前首相を追いつめたモリソン供給相（労）、アレキサンダー海相（労）、シンクレア空相（自由党）、ダフ・クーパー情報相（保）。そして、レオ・エイマリー（保）はインド・ビルマ相についた。いずれも打倒！　チェンバレンに一役かった面々だ。

それと、注目しておくべき、もう一人がいる。

労働党のアーネスト・ベヴィン労働・国民兵役相。イングランド南西部訛《なま》りの嗄《しやが》れ声《ごえ》でしゃべる赤ら顔の大男。学校教育とはほとんど縁がなく10歳から下層労働についたたたき上げの典型。

この時点では、運輸一般労働者組合の書記長ではあったが、国会議員でも、労働党の執行委員会メンバーでもなかった。6月には下院議員に選出され、10月には戦争内閣入りし、チャーチル政権のキーパーソンになる。

戦後、労働党内閣の外相として国際舞台に立つようになって、初めて《キャビアというもの》を口にするが、「いやに魚臭いジャムですな」と言ってのけるなど、気取りというものがまるでない。[†23]

＊

5月13日に、下院の内閣控え室に全閣僚を招集して就任スピーチをしたあと本会議場におもむいた新首相をむかえたのは、労働党議員からの歓呼の声であった。保守党議員のほとんどは、チャーチルよりもチェンバレンに対して盛大な拍手をおくっていた。

チャーチルは、首相として第1声を発した。

「私がここでお約束できるのは、血と汗と涙と苦汁だけであります」[†8] Ⓑ

ともに血と汗と涙をながし苦汁をなめながら、勝利をつかむまで、みんなで戦おうとアピールした、今に語りつがれる名スピーチの名フレーズ。

いまだに、前政権に未練をのこす保守党議員たちからの反応にはしらっとしたものがあった。

けれど、そんなことを気にかけている場合ではない。

ドイツに対するオランダの降伏が目前にせまっていて、イギリス遠征軍をふくむ連合軍を押しまくるドイツ軍機甲部隊は、ベルギー・フランス国境沿いにドーヴァー海峡へむかって突進しつづけていたのだから。

ダンケルクから撤退する船に乗り込む英軍兵士

第2章

血を流して戦う国民

フランスの悲鳴

第61代イギリス首相兼国防相ウィンストン・チャーチル（65歳）は、早朝の電話でたたき起こされた。首相に就任してまだ5日目の1940年［昭和15年］5月15日。相手は、フランス首相ポール・レイノー。「負けました。負けてしまったのです」と早口で繰り返すフランス人の英語が悲鳴のようにきこえた。

ドイツ軍によるオランダ、ベルギー、ルクセンブルクへの電撃侵攻は、5月10日の未明に始まった。ドイツ軍の侵攻に備えて大陸に派遣されていたイギリス軍も押しまくられていた。

英仏連合軍の想定では、ルクセンブルクからフランスに攻めてくるルートは、マジノ線の要塞で阻止できる。マジノ線がとぎれた先のルクセンブルクとベルギーの国境地帯はアルデンヌの森。

「森」と呼ばれてはいるものの平地の森ではない。森林におおわれた、最高地点は標高700メートルの山地である。複雑な地形を這《は》うようにつくられた道路は狭く、進路はいたるところで峡谷や沼沢地《しょうたくち》にはばまれる。戦車部隊の進撃にはつかえないだろう。

このルートからフランス領への攻撃があるとすれば、歩兵部隊にかぎられるだろうから、その備えだけをしておけばよい。

「ところが、ドイツ軍は持てる戦車の7割以上2千両近くをアルデンヌの森に投入し、岐阜県ほどの広さの森を2、3日で突っ切った。まったく意表をつく作戦だった」†24

レイノー首相が「負けました」と狼狽《ろうばい》していたのは、あっという間にフランス領の前線を突破した、ドイツ軍の強さとスピードについてゆくことができず、もはや首都パリすらも危ういと感じていたからだ。

チャーチルは、「戦いはまだ始まったばかりですよ。明日、そちらでお目にかかりましょう」と言って電話をきった。

この日、オランダがドイツに降伏した。

チャーチルは、5月16日の午後、護衛機をひき連れた政府専用機でパリへ飛んだ。

到着したチャーチル一行と、憔悴《しょうすい》しきったレイノーらフランス政府および軍首脳との会談は、ケードルセーの政府庁舎の一室で、イーゼルにかけられた戦線地図を前に全員立ったままでおこなわれた。

庁舎の中庭では書類を焼く煙があがっていた。パリをすてる準備だろう。フランス側からは爆撃機と戦闘機による増援を求められた。戦前の軍備でドイツに後《おく》れをとったイギリス空軍にとっては、それに応じる余地があるかどうか。

チャーチルとて即答はできなかった。

いったんイギリス大使館にひきあげたチャーチルは、同行のへイスティングズ・イズメイ少将（首相付参謀長）に、「内閣はただちに会合して、1時間ほどのうちに到着するであろう火急の電報について考慮するようロンドンに電話することを命じた」[†25]。

フランス戦線の現況と英空軍増派に関する至急電報があとを追いかけた。

午後11時半ごろ、ロンドンから増派に応じられるとの返事が入った。ドイツ側の傍受を警戒して、いずれの電話でもヒンドゥスタニー語（北インド標準語）が使われた。

チャーチルはそれから仏首相公邸まで出向いていき、レイノー首相と急いでそこへやって来たエドゥアール・ダラディエ国防相に英空軍増援の件を伝えた。

「午前2時ごろ大使館に戻り、ときおり小規模な空襲に立ち向かう砲声がきこえ、そのたびに寝返りをうちながらも、よく眠った。朝、私は空路帰国した。17日午前10時に戦争内閣の閣議がひらかれ、その席上、私はパリ訪問と、私の見た情勢について報告した」[22]

19日は日曜日であったが、チャーチルは首相になって初めてラジオで演説をした。

そして、英仏軍の戦況不利の知らせに、22日にはふたたびパリへ飛び、フランスがもちこたえられないようなら、戦闘中の在仏イギリス派遣軍を英仏海峡越えで救出する「ダンケルク撤退作戦」をも、考えねばならぬとの決意を胸に帰国した。

ロンドンでは、ネヴィル・チェンバレン前首相とともにチャーチルの戦争内閣にのこっていたハリファックス外相が、いよいよ自分が本領を発揮せねばなるまいと腹をくって待ちかまえていた。

“ホーリーフォックス”

1963年生まれのイギリス人作家、アンドリュー・ロバーツのデビュー著書は『聖なる狐《ホーリーフォックス》――ハリファックス卿の生涯』[20]。

ロバーツは、執筆する前にハリファックス伯爵家の未公開文書をリサーチすることができ、レターヘッドに「プライムミニスター・ダウニングストリート10番」と印字された、１枚の手書きメモを発見した。ペーパーの上部には、エドワード・ハリファックス元外相の筆跡で「1940年5月6日・閣議中、ウィンストン・Cとのやりとり」と記されている。

1940年5月6日とは、チェンバレン内閣が倒れる直前で、首相側近のハリファックス外相が、戦争屋の異名がある「ウィンストン・C」すなわちチャーチル海軍相を激しく牽制《けんせい》していたときだ。

隻腕の「聖なる狐」ハリファックス

ヒトラーとの和平交渉で時間を稼ぐのもひとつの方法だという意味のハリファックスの発言に対して、憤《いきどお》ったチャーチルが「それじゃ大逆罪だ！」とどなった。

すかさずハリファックスが、閣議室にあった首相用箋にペンをはしらせてチャーチルに渡すと、チャーチルもすばやく返事をかえしてきたようだ。

「私の思いつきはばかげていて危険であるかもしれないが、ぜったいに大逆罪なんかではない。お互いに口論ばかりしていて、しかもいつも誤解から始まるなんて、もう、たくさんだ。Ｅ（エドワード）。

過剰反応だったかもしれない。どうやら気にさわったようだな。でもこの緊迫状態に、あれはないよ。もっと見通しを利かせてほしかったんだ。ゆるしてたもれ。Ｗ（ウィンストン）」[20]

ハリファックス外相は子爵（のちに伯爵）家の３代目で、本名はエドワード・フレデリック・リンドリー・ウッド。当時59歳。おもながで長身痩軀《そうく》の６フィート５インチ（１９５・６㎝）が歩く姿は、水辺のツルのようだと言われた。けっして雄弁とは言えなかったが、軽い吃音《きつおん》まじりの低い声は重おもしくひびき、かえって信頼感をよせられた。

イングランド国教会に対する信仰はあつく、趣味はキツネ狩り。

〝ハリファックス〟ならぬ〝ホーリーフォックス（聖なる狐）〟とよばれる所以《ゆえん》だ。政治の世界で頭角をあらわし、早晩首相になるかもしれないとされていたころ、「イギリス首相とフォックスハウンド（キツネ狩り用猟犬）の匠《マスター》のどちらになったものかと思案」しているにちがいないと言われた。生まれながらの隻腕《せきわん》だが、左の義手を巧みに使った。

１８８９年生まれのハリファックスは、イートン校、オックスフォード大学クライストチャーチ学寮《コレッジ》を卒業し、29歳のとき下院議員になった。

チャーチルVSハリファックス

１９２１年１月成立のデーヴィッド・ロイド・ジョージ連立内閣では、自由党のチャーチルが植民相に、保守党からはハリファックスが植民省政務次官に指名された。

ところが、就任から2週間たっても、大臣からミーティングの連絡すら来ないのだ。チャーチルはどうやら政務次官をべつの者とさしかえようと画策しているらしい。

たまりかねたハリファックスは大臣室へ駆けこんだ。デスクについていたチャーチルを、長身のハリファックスが電信柱のように突ったったまま見おろして言った。

「あなたの次官をつとめる気はさらさらありません。明日にも辞任します。けれど役所にいるあいだは、ジェントルマンらしく扱っていただきたい」[20]

びっくりしたチャーチルが、まあ、座りたまえと言って飲みものを勧めてから、人懐《なつ》っこい笑顔をふりまきながら慰留しにかかった。「泣き落とし」の逆をいく、チャーチル得意の「愛嬌攻め」である。そうやって、この場をおさめてしまった。

この大臣・次官コンビは、保守党の連立解消によって内閣が終焉《しゅうえん》するまで1年9ヵ月つづいた。以来、ハリファックスは、チャーチルという人物はズケズケと言いたいことを言う人間を信用するのだと思うようになった。チャーチルはチャーチルで記憶にとどめた。――この男は信頼できる、が、いっぽうでしたたかに計算もする、と。

1922年10月、自由党のロイド・ジョージと交代して、保守党のアンドリュー・ボナー・ロウが組閣した。ハリファックスは教育長官に就任したが、チャーチルは閣外に去った。それどころか、直後の11月の総選挙でチャーチルは落選してしまう。

しかも、1923年12月総選挙、翌年3月補欠選挙と3連続の落選――労働党に2回、保守党に1回敗れた――。チャーチルが再度の鞍替《くらが》えで保守党へ戻り、下院に復帰するのは、1924年10月の総選挙で復活したあと。

総選挙では保守党が勝利し、第2次スタンリー・ボールドウィン内閣が成立した。

感涙にむせぶ

イギリスの大臣については、役職によって呼称がわかれる。「ミニスター」「セクレタリー」「チャンセラー」、などなど。そのうち、チャンセラーがつく閣僚職は、ふたつある。副首相級の財務相（チャンセラー・オブ・ジ・イクスチェカー）と、長老を遇するポストと言えば聞こえはいいが、けっして要職ではないランカスター公領相[注5]（チャンセラー・オブ・ザ・ダチー・オブ・ランカスター）。

ボールドウィン首相から、「チャンセラーでどうか?」ときかれたチャーチルは、てっきりランカスター公領相だと思いこんでいたので、出戻りの身じゃあ仕方がないかな、と渋面《じゅうめん》をつくってみせた。しかし、同じチャンセラーでもチャーチルの意表をついた、財務相のほうであった。そうとわかった瞬間、チャーチルは、もう、感涙《かんるい》にむせんでいた。父の無念に思いを馳《は》せていたのだ。

思わぬ成り行きに、ボールドウィンは、さぞかし驚いたにちがいない。べつにチャーチル家の事情に配慮したつもりはなかったのだから。

保守党内にはチャーチル入閣に対して反対があったが、それをボールドウィンが押しきってまでも閣僚にしたのは、閣外においておけば政界再編などと言って、野党側と何をたくらみだすかわかりやしない。ならば、いっそ閣内に閉じこめよ！　というだけのこと。

また、この2年間は落選中の身だったチャーチルは知らなかったが、今や財相は誰がやってもうまく行きそうにない、《敬遠したい》ポストだった。

ボールドウィンから打診をうけたネヴィル・チェンバレンは、財相はパスして保健相就任にこだわったぐらいであったし。

チャーチルVSケインズ

チャーチルは33歳の初入閣で商務長官を経験していたが、財政についてはシロウトである。しかし、財相は彼にとって念願のポスト。父ランドルフ・チャーチルは、若くして財相までのぼりつめたものの志《こころざし》なかばで失墜した、その名誉回復がウィンストン・チャーチルの悲願だったのだから。

第1次世界大戦によってイギリス経済は疲弊していた。ポンドの国際通貨としての地位もドルに奪われてしまった。財務省とイングランド銀行は、大戦後ただちに金本位制に復帰したアメリカに対抗してポンドを強化するには、イギリスもまた金本位制に復帰しなければならない

注5　第1次大戦中に海軍相をクビになったチャーチルが飛ばされた先もランカスター公領相。

ことで一致していた。

1925年4月、父親ゆずりの財相ガウンを身につけた、ウィンストン・チャーチル財相が予算演説をした。財相ガウンは、父が失意の退任をしたあと、母親ジェニー・チャーチルが、ガウンを役所に引き揚げようとやって来た財務官僚を「将来、息子が着ることになりますから」と追い返してから、仕舞ってあったもの。

イギリス議会では、長時間におよぶ予算演説[注6]をする財相にだけは、〝気付け薬〟が許されていた。チャーチルは「輸入関税のかかるブランデーのグラスをさし上げて言った。『歳入を強化することは至上の命令である。下院の許可を得て、ここに私はそれをおこなう[†2]』」。

予算演説中の財相がもちいた〝気付け薬〟については、歴代財相の名前をあげて「誰それはラムのミルク割りだったが、予算審議中に辞任した唯一の財相になってしまった。いっそストレートのラムにすればよかったのに」とか、「誰それは、ただの水だったせいか、刺激のない退屈な演説だった」などと書いてあるイギリス議会に関する本[†16]があって、それはそれでなかなか面白いのだけれども。

ちなみにボールドウィン首相もまた財相経験者だが、どういうわけかその本にはリストアップされていない。彼はチャーチルのハーロウ校（チャーチルを含め、英首相が8人）の先輩で、ケンブリッジ大トリニティ学寮ではボートばかり漕いでいて、政界で要職についてからも、ボートのコーチをしにテムズ川へ、しょっちゅう出かけてしまったそうだが。

2時間半つづいた予算演説の中でチャーチルは、金本位制への復帰を宣言した。

これに対して反対の論陣をはったのが、『チャーチル氏の経済的帰結』という小冊子を発表した、経済学者のジョン・メイナード・ケインズである。「表題は、明らかに先にケインズがドイツの賠償条項を痛撃した『ヴェルサイユ条約の経済的帰結』をもじったもので」、「なぜチャーチルが『このような愚かしい失策を犯したのか』」ときびしく批判していた。[†2]

チャーチルとケインズとのあいだには、もともと交友があった。その後、第２次世界大戦中に訪米したチャーチルがケインズに手紙を送った。

「わたくしはルーズヴェルト（米大統領）と会っていると次第にあなたの考えに近づくのを覚えます」。ところがケインズからの返信には、「わたくしの考えに近づかれたとのことですが、残念なことにわたくしは今考えを変えたばかりです」とあった。

チャーチルは負けずにやり返した。「同じ質問を７人の経済学者に発した。ところが得られた答えはみなちがい、８つであった。しかもそのうちふたつはケインズからのものであった」。[†26]

チャーチルは、財相として予算演説を１９２９年まで５度おこなったが、これといった業績をのこすことができず、イギリスの金本位制も１９３１年にふたたび停止となった。

１９２９年５月の総選挙では保守党が敗北し、労働党政権にとってかわられた。

注６　最長記録はウィリアム・グラッドストーンの５時間、最短はベンジャミン・ディズレイリの45分。

ヒトラーと使用人《バトラー》

ハリファックスはボールドウィン首相により、44歳の若さでインド総督に抜擢され、1926年5月に赴任した。彼はその直前にアーウィン男爵となった。1931年に離任するまでの5年間、当時の全ヨーロッパより多い人口3億2千万人のむずかしい時期のインド——モハンダス・ガンディーらの独立運動と対峙《たいじ》せねばならなかった——に君臨した。

総督退任にあたっては、イギリス本国の首相経験者なみにガーター勲章と伯爵をオファーされたが、ガーター勲章は受けたが、伯爵位は「子爵である父親より上位になるわけにはいかない」と言って辞退した。1934年1月に父親が死去し、そのあとを継いでアーウィン男爵から、第3代ハリファックス子爵となった。

財相退任後のチャーチルが政府の要職につくことはなかった。インド自治領化には、ハリファックスがインド総督であった1931年以来、反対しつづけていた。ボロをまとっただけで裸同然（民族衣装のことをそう言った）のガンディーが副王[注7]宮殿の階段を上がるのを見たくないという趣旨の、今ならば《完全アウト》の発言もあった。1931年には、ハリファックス・ガンディー会談に抗議して野党保守党の影の内閣《シャドーキャビネット》から身を引いた。

インドから帰任したハリファックスは、そのまま政界を去るつもりだった。しかし、ボールドウィンにひきとめられて、ラムゼイ・マクドナルド連立内閣の教育長官になったが、もっぱらインド自治を推進する法案の成立に取り組んでいた。

ハリファックス(左から2人目)はヒトラー総統をバトラーと間違えてしまった

1933年［昭和8年］、ドイツでアドルフ・ヒトラーが政権樹立。

1935年、ハリファックスは、第3次ボールドウィン内閣の陸軍相と王《おう》璽尚書《じしょうしょ》を歴任。チャーチルは、インド法案に対して反対演説をするなどして抵抗したが、法案は可決され、連邦制のもとでインドの自治は拡大した。

1936年3月、ドイツ軍が非武装地帯のラインラントに進駐。

1937年、ハリファックスは、ネヴィル・チェンバレン内閣の枢密院議長。同11月、ドイツ狩猟協会の招待という名目のもとに訪独したハリファックスが、ヒトラーと会見した。「英独の相互理解をふかめるため」というチェンバレン首相の意向もあった。

バイエルン山中ベルヒテスガーデンのヒトラ

注7　インド総督のこと。インド皇帝としての英国王の代理。

ー別邸・ベルクホーフで、車の脇に佇立《ちょりつ》して出迎えた小柄なヒトラーを、使用人《バトラー》と勘違いしたハリファックスが帽子とコートを手渡そうとした。ドイツ側の同乗者があわてて「総統ですよ」と耳打ちをしてことなきをえた。ヒトラーはといえば、気がつかなかったか、気づいていないような振りをしていた。

1938年9月、今度はチェンバレン首相みずからが訪独し、ヒトラーの要求をのんだミュンヘン協定が成立。

そして、翌1939年9月、第2次世界大戦の勃発とともに、ハリファックスが外相をつとめるチェンバレン内閣にチャーチルが海軍相としてくわわった。

謎の「進撃停止命令」

東ヨーロッパに出自《ルーツ》のある、アメリカの歴史学者ジョン・ルカーチには、『ヒトラー対チャーチル――80日間の激闘』[†27]と『ロンドンの5日間――1940年5月』[†28]の2著作がある。

前者では1940年5月10日（チャーチル内閣の発足）から7月31日までの80日間、後者ではチャーチル内閣が早くも最大の危機に直面した5月24日から28日までの5日間を克明に再現している。

5月24日

総統《フューラー》ヒトラーが、フランスのシャルラヴィール（英仏海峡まで150キロ）まで出張ってきて、ゲルト・フォン・ルントシュテット軍司令官と会談したあと、ダンケルク方面へ進撃中の機甲部隊に停止命令を発した。

「5月24日午前11時42分にヒトラーの停止命令が出されたとき、ドイツの先頭部隊はダンケルクから24キロのところにいた。停止命令は暗号ではなかったので、イギリス側はこれを傍受できた」[†27,28]。

しかし、ヒトラーの狙いがどこにあるかは、その時点では誰にもわからなかった。

5月25日

午前11時30分、イギリス戦争閣議。チャーチルが、ハリファックスによる対イタリア接触を承認（ただし公表はしない）。フランスのレイノー首相の要望もあって、仏英連携による対イタリア交渉をさぐるつもりの接触である。もしもイタリアがドイツ側にたって参戦してこなければ、フランスはイタリア国境のフランス軍10個師団を引き揚げることができる、とレイノーは土壇場で考えていたのだ。ハリファックスは、駐英イタリア大使ジュゼッペ・バスティアーニと会見。

5月26日

英仏間にはぬけ駆けで対ドイツ単独和平はしないという協定ができていた。

レイノー首相ほかのフランス代表団がロンドンに飛来。ハリファックスがフランス大使館まで出向きレイノーと会った。

「レイノーはハリファックスに、フランスの提案を示した。ムッソリーニと接触しようというのだ。その提案には、ムッソリーニとの接触によって、英仏とイタリアの関係を解決する以上

の意味が隠されていた。ムッソリーニに英仏とヒトラー間の調停役を頼もうというわけだ」[†27][28]
午後7時、英仏軍にダイナモ作戦（ダンケルクからの撤退開始）発令。
ヒトラー、「停止命令」を撤回し、ドイツ軍が進撃を再開。

閣議室バトル

ロンドン・ダウニングストリート10番。

首相官邸の玄関ホールをまっすぐ進んだ先の、庭に面した閣議室で戦争閣議はおこなわれていた——ドイツ軍の空爆が激しさをまし、官邸機能を建設局ビルの「官邸別館《アネックス》」に移さざるをえなくなった1940年10月までは。

5月27日
午前7時、撤退するためダンケルク周辺に集結しつつあった30万超の英仏軍に対して、ドイツ軍の砲撃と空爆が容赦なく襲いかかり地上は大混乱におちいった。

午後4時30分、この日2回目の戦争閣議。

フランスから要望のあった対イタリア交渉について、「イタリアには深入りすべきではない。今さらムッソリーニを交渉に引きずりだそうとしても、彼をいい気にさせるだけだ。これ以上の接触は、無益なばかりでなく、はなはだ危険でもある」[†8]とチャーチルが言った。

すかさずハリファックスは、首相は2日前に、イタリアと接触しつづけることを承認したばかりなのに、これは、どういうことかと言って、激しい論戦になった。

ハリファックスは閣議の最中に、「辞任カード」を切るところだった。外務事務次官のアレキサンダー・カダガンには「もう、辞めてやる」と、はっきり言った。

閣議のあと、ハリファックスがチャーチルを首相官邸の庭につれだして、ふたりがなにごとか言いあっているのが目撃された。

そして、ハリファックスは、日記にこう記した。

「閣議でのウィンストンの言いようは、とんでもなくひどかった。とうとう我慢しきれなくなって、『そんなふうに考えてばかりいるなら、きみとはべつべつの道を行くことになる』と言ってやった。ウィンストンは驚きのあまり、オロオロしだした。庭にでてからも同じことを言ったら、ひら謝りのあと、いつもの〝愛嬌攻め〟が始まった[†20]」

戦争閣議の内容は厳秘に付されていた。議事録は、《50年間封印》。——のちに、50年が30年に短縮されたが、議事録が公開されたのは、それでも1970年であった。

ところが、ハリファックスが首相に反抗しているようだという噂が、その日のうちに流れだした。

5月28日

早朝、ベルギー軍がドイツに降伏。

チャーチルは午前中の閣議のあと下院へゆき、ベルギーの降伏とダンケルクにおける救出状況を報告した。午後4時、下院の一室でひらかれた2回目の閣議は、別室に戦争内閣外の閣僚を招集してあったために、いったん中断した。

全体閣議では「ダンケルクがどうなったとしても、戦いはやめない」とアピールするチャーチルに賞賛と激励の声があがった。

2日にわたって戦争閣議を紛糾させたのは、追いつめられたフランスが対ドイツ和平交渉のテーブルにつくような場合、同盟国のイギリスもいっしょに行動するかどうかであった。チャーチルは、いよいよとなったら、フランス単独でそうすればよいと考えていた。

労働党のクレメント・アトリー王璽尚書とアーサー・グリーンウッド無任所相も、せっかく高揚している労働者の戦意に水をかけるような和平話には乗るつもりがなかった。

連立第3党の自由党党首として、特別に戦争閣議にくわわっていた、アーチボールド・シンクレア空軍相は、もともとチャーチルのシンパ。[注8]

ネヴィル・チェンバレン枢密院議長（依然として保守党党首でもあった）は、前日までは、交渉の道がのこされているなら検討すべき、としていたがこの日になって折れてきていた。つまり、中立的立場にしりぞいてしまったチェンバレンをのぞけば、ハリファックスは戦争閣議で、1対4、と孤立していた。

チャーチルとハリファックスとの間でふたたび熾烈《しれつ》なやりとりがあって、最後にハリファックスが、フランスが対ドイツ和睦に望みをかけるのは間違いだとする首相を理解できないと言うと、

「血を流して戦う国民ならば再起できるが、おとなしく降伏するようでは滅びるだけだ」と、チャーチルは声を大にして言った。[†8] Ⓒ

降伏しろ、などと言っているわけではないと返してから、ハリファックスは沈黙した。

血を流しながら斃《たお》れてしまうまで戦う以前に、うつ手はまだあるだろう、チャーチルのような「劇場型政治」ばかりが政治だとはかぎらない、とハリファックスは考えていたようだが、平時には揶揄《やゆ》や非難の対象であったチャーチルの政治手法が、イギリスが窮地に追いこまれた今となっては、ビシビシ的中しだしていたのである。

6月4日までに、33万8千人の英仏連合軍が、戦車も重火器も、すべてをうち捨てて、駆逐艦、掃海艇、漁船からタグボート、プレジャーボートまで数百隻を繰りだして、34キロのドーヴァー海峡をわたりイギリス本土に上陸し、ダンケルク救出は完了した。

チャーチルは下院にそれを報告し、

「我々は最後まで行く。我々はフランスで闘い、海で、大洋で闘う。一層の自信と力で、空で闘う。我々は、いかなる犠牲を払おうとも、この島を守る。**我々は、海岸で闘い、敵の上陸地点で闘う。我々は、野原で闘い、街で闘い、山々で闘う。我々はけっして降伏しない**」と断言した。[†29] Ⓓ

6月10日、イタリアがイギリスとフランスに宣戦布告。

14日、パリ陥落。

注8　第一次大戦中の北部フランス戦線ではチャーチルの連隊副官、戦後はチャーチル植民相の政務官をつとめた。

16日、レイノー仏首相が辞任、フィリッペ・ペタン元帥《げんすい》が組閣。
18日、フランスが降伏。ペタン政府はイギリスと断交。

大西洋の対岸で

イギリスでは、10月、チェンバレン枢密院議長が病気療養のため引退し、1ヵ月後に死去した。

12月には、駐米イギリス大使フィリップ・ロウジアン侯爵が急死した。アメリカがイギリス側で参戦するかどうかが、イギリスの命綱になっている今、大物を起用する後任人事が急がれた。ハリファックス外相は、アンソニー・イーデン陸相（戦後のチャーチル後継首相）を推したが固辞された。

チャーチル首相は、デーヴィッド・ロイド・ジョージ元首相をあてるつもりで、フランクリン・ルーズヴェルト米大統領の事前同意までとったが、高齢を理由にロイド・ジョージにことわられた。

こうなったら、外相自身を駐米大使として派遣するほかはないとチャーチルは考え、ハリファックスを説得にかかった。ハリファックスは、なかなか承諾しようとしなかった。しかし、チャーチルもねばる。「アメリカ向けの大物起用」と「抵抗勢力の国外派遣」の《一挙両得》を狙って、戦争内閣のメンバーのまま駐米大使にするという突拍子もないオファーまで出したが、それでもハリファックスはうんと言わない。

とうとう、このままではヒトラー宥和派のレッテルが一生ついてまわる、アメリカで成果をあげて《汚名返上》するしかないのではないか、とまで押しまくる。

そして、チャーチルのこのひと言が、しぶるハリファックスに引導をわたした。

1941年［昭和16年］1月、アメリカへ旅立つハリファックスを、チャーチルはスコットランド北端のオークニー諸島にある、スカパフロウ海軍基地まで見送った。英最新鋭の「戦艦キング・ジョージ5世」に乗艦したハリファックスは、艦橋《ブリッジ》にあがる垂直のハシゴを、右腕1本だけを器用につかってさっさと昇り、まわりを驚かせた。

1944年［昭和19年］5月、チャーチルからハリファックスへ、昇爵のオファーが出された。インド総督退任時には、父親より上位には立てないと、昇格を辞退したハリファックスだったが、今度は「苦労をともにした大使館スタッフの代表として」、伯爵位をうけた。

ダンケルクのヒトラー

1940年［昭和15年］6月、ドイツ総統兼首相《カンツラー》アドルフ・ヒトラー（51歳）は、爆撃跡のクレーターだらけになったフランスの海岸に立っていた。彼が進撃停止命令をだしたため、33万8千人の英仏連合軍を対岸のイギリス本土へ、みすみす生還させてしまったダンケルクの海岸である。

進撃停止命令については、「チャーチルという男は、わたしがイギリス人とドイツ人の間の決定的な不和を回避することによってそのあかしを見せたスポーツマンシップを理解する能力に欠けている」[†30]と側近にもらしたそうだが、「はたしてどうだか」と言うよりない。

ほんとうのところは、帰還した敗残兵を目《ま》のあたりにさせることで、イギリス国民の戦意をくじき、和平話に誘導しようというのか、あるいは、混乱に乗じて一挙にイギリス本土に攻め入ろうというのか。

ヒトラーの目は、ナポレオンですら押しわたることができなかった海峡の向こうへじっとそそがれていた。その脳裏に浮かべるターゲットは、イギリス首相兼国防相のウィンストン・チャーチル（65歳）であることは間違いなかった。

同年6月18日にフランスが降伏したあと、イギリスは単独でナチスドイツと戦わなければならなかった。なによりも待ちのぞまれるのは、アメリカ合衆国の軍事支援であり参戦であった。チャーチルは首相に就任してすぐ、支援を求める親書をフランクリン・ルーズヴェルト大統領（58歳）に送っていた。

ところがアメリカの国民感情には、第1次世界大戦に引きずりこまれてアメリカはひどい目にあった、ヨーロッパの戦争はヨーロッパ諸国だけで戦うがよい、二度と我々を巻きこむな、という孤立主義の潮流がしっかりあった。

さらに言えば、ルーズヴェルトはジョージ・ワシントン以来の慣例であった2期8年の任期をこえて、史上初の大統領3選に挑んでいる最中でもあったから、孤立主義者の反発をかう参戦表明などできる状況にはなかった。

ジョン・F・ケネディの父親

そして、チャーチルとルーズヴェルトをつなぐ立場にありながら、孤立主義を支持している人物がいた。駐イギリス米大使のジョセフ・ケネディ（51歳）。第35代米大統領ジョン・F・ケネディの父親であり、キャロライン・ケネディ元駐日大使の祖父にあたる。

ジョセフ・ケネディは、アイルランドから米国に移民したケネディ家の３代目。

アイルランド系移民は、プロテスタント教徒の国アメリカで、カトリック教徒として、また白人社会のマイノリティとして差別されてきた。そのなかでケネディ家は２代目がたちまち財をきずき、３代目のジョセフに一家が目指させたのは、アイルランド系社会の殻《から》をやぶって、アメリカのトップにのし上がることだった。

いっぽうチャーチルが２歳のときに、祖父マールバラ公爵がアイルランド総督となり、その３男でウィンストンの父ランドルフ・チャーチルを政務秘書にして、ダブリンに赴任した。

幼児チャーチルの人生最初の記憶は支配者イギリスへの抵抗運動で荒れるダブリンであった。

政治家になってからは植民相として「アイルランド自治」問題にかかわったけれど、いずれにせよアイルランドを支配する側であることにかわりはなかった。

ジョセフ・ケネディは、父親の意にそって、アメリカの支配階層《エスタブリッシュメント》とのコネをつくるためにハーヴァード大学に入学して野球チームにくわわった。しかし、公式ゲームに出場したのは対イェール大対抗試合の最終イニングの守備だけ。

ケネディ1塁手がポップフライを捕球してゲームセットになったが、本来ならキャプテンに渡さなければならない、そのウイニングボールをポケットにしまいこんでしまう。

そもそもケネディの父親が、キャプテンの卒業後の進路に便宜をはかることをにおわせておいて、試合に出られたせいもあって、堂々の「掟破り」をやってのけたのだった。

世界恐慌の発端となった、ニューヨーク証券取引所の株価大暴落《ブラックサーズデー》（1929年10月）では、ケネディは直前に株を売りぬけて資産をまもったが、インサイダー取引だったのではないかと疑われた。

「ウォール街の靴磨きの男まで株価に夢中になっていると知って、市場はそろそろ危ない」と感じたから、とケネディ自身は強調したが、それを信じる者は証券業界にほとんどいなかった。それまでも、インサイダー取引や株価操作で財をなしたようだと言われていたのだから。

1932年の大統領選挙では、民主党の大統領候補ルーズヴェルト（当時ニューヨーク州知事）陣営にあって資金面で貢献した。禁酒法時代（1920年～33年）のケネディがマフィアと組んで大儲《おおもう》けをしたという噂が絶えなかったが、禁酒法廃止とともにルーズヴェルトの長男ジェームズを取りこんでスコッチウィスキーを輸入するビジネスのパートナーに仕立てあげていた。

ルーズヴェルトの1期目（1933年就任）ではケネディ証券取引委員長が誕生したが、これはどう見ても不適切人事であると、各方面から批判をあびた。2期目の当選をバックアップしたあとには、ケネディは財務長官のポストを要求したが、ルーズヴェルトは聞きいれなかった。

すると、駐イギリス大使になりたいと、大統領の息子を通じて頼みこんだ。

大統領が「2期満了」で当然引退するとばかり思っていたケネディは、ルーズヴェルトの後《あと》釜《がま》を狙うつもりになっていた。アイルランド系カトリック教徒初のアメリカ大統領になる野望に燃えていたわけだ。

では、なぜ駐英大使なのか。

すでに「5人もの駐英大使経験者が、最終的にはアメリカ大統領に選ばれていた」から、ケネディは「輝かしい第6番目」を狙うのだ。[†31]

ルーズヴェルトは、ケネディを国内に置いておき、煩わしい思いをさせられるより、いっそ海外に出してしまうほうがよほどマシであると思っていた。

１９３８年2月、新任駐英大使ジョセフ・ケネディは、イギリスのサウサンプトンへ向けてニューヨーク港から出航した、マンハッタン号の船客となった。

その直後の3月、ヒトラーがオーストリアを併合した。

そして戦争を回避したいネヴィル・チェンバレン英首相が対ヒトラー宥和政策をはかるいっぽう、政府外にあって対独強硬対応にこだわるチャーチルは、まったく孤立していた。

ドイツの再軍備の強大さには目を奪うものがあるとケネディは感じていたから、彼はチェンバレンの考えに賛同した。もともと、アイルランド出身者の多くがそうであるようにイギリスが嫌いであったが、チャーチルのような「戦争屋」のせいでアメリカまで巻きこんだ戦争になるのだけは願いさげである。

大西洋横断飛行のヒーロー

そのケネディを、イギリスで待っていたもうひとりのアメリカ人が、大西洋横断単独無着陸飛行（１９２７年）のヒーロー、チャールズ・リンドバーグ。

リンドバーグ夫妻は、愛児誘拐殺害事件（１９３２年）のショックのあまり、イギリスに移住していた。このふたりを引き合わせて意気投合させたのが、元アメリカ国籍のナンシー・アスター子爵夫人。彼女の夫、ウォルドーフ・アスター子爵もアメリカ生まれで、ホテル界の最高級ブランド「ウォルドーフ・アストリア」の創業者一族。

ナンシーは、夫・ウォルドーフが子爵となり上院に移った１９１９年にイギリス初の女性下院議員――１９２１年までは唯一の女性議員――となり、１９４５年に引退するまで当選しつづけた。

ズケズケものを言う女性でチャーチルが閣僚をつとめていないときは議場で隣同士になり、パーティーなどで会うと舌戦をかわした。

あるときチャーチルが「ブタの足に指は何本？」ときくと、ナンシー・アスターは「靴を脱いで自分の指をかぞえなさいよ」と返した。

そう言われてチャーチルはうれしそうに笑った。チャーチル夫妻には何かにつけ手紙のやりとりがあり、彼は夫人のクレメンタインを「子ネコちゃん」と呼ぶいっぽう、自分は「ブタ」と称して文末に子豚のイラストを手描きでそえたりしていたのだから。

リンドバーグは１９０２年にスウェーデン移民の子としてデトロイトで生まれた。曲芸飛行士を経て米陸軍航空軍で訓練をうけたあと、民間航空のパイロットになり、大西洋横断飛行に成功したあとは世界的な有名人。

その伝記映画『翼よ！あれが巴里《パリ》の灯だ』（１９５７年）は、日本公開時につけられた邦題で、《パリ好き》の日本人にはおおいにうけた。原題は愛機の名前そのままの『ザ・スピリット・オブ・セントルイス』。33時間をこえる不眠不休の悪戦苦闘で、リンドバーグには「翼よ！あれが」などと感じ入っている余裕はなかっただろう。ルブルジェ空港にたどりついた彼は「トイレッ！　トイレはどこだ？」と、せっぱ詰まっていたのだから。[注9]

ドイツが再軍備を進めるなか、リンドバーグは米陸軍の依頼でドイツ空軍を視察するうちに親独派になった。孤立主義を標榜《ひょうぼう》する「米国第一主義《アメリカファースト》」委員会の広告塔になり全米を講演してまわるようにもなった。リンドバーグは各地のスポーツスタジアムをうめつくした数万の聴衆に向かって孤立主義をつらぬこうと訴えた。

彼がチャーチルの名前を口にするたびに、人びとのあいだでチャーチルを憎悪するブーイングが起きた。アメリカが参戦すれば何万もの彼らの息子たちが戦場で死ぬことは目に見えてい

注9　チャーチル著『第二次世界大戦』（河出文庫）の翻訳者・佐藤亮一がリンドバーグの自伝『ザ・スピリット・オブ・セントルイス』を翻訳する際に日本語版タイトルを『翼よ、あれがパリの灯だ』とした。映画の邦題は「パリ」を「巴里《パリ》」にチェンジして佐藤訳を採用している。書籍版『翼よ、あれがパリの灯だ』は筑摩書房刊〈世界ノンフィクション全集３〉に入っている。

たのだから。[32]

1940年5月20日、イギリス公安警察が米大使館の暗号担当官タイラー・ケントを物資隠匿罪容疑で逮捕した。

「ケントは大使館から何百通もの機密書類をベーカー街の自宅に持ち帰っていたが、その中にはチャーチルからルーズヴェルト宛《あて》、またその逆の秘密連絡事項が含まれていた」[27]

ケネディは、チャーチル・ルーズヴェルト間の「秘密電報の束を溜め込んでいた。ケントを説得し解読した電報のコピーをつくらせていた」のだ。しかしケネディは、ケント逮捕の際には「見て見ぬふりで口をつぐんだ[31]」。

チャーチルはケネディに対する電話盗聴をふくむ監視体制を強化させるいっぽう、内閣や外務省が、米大使館経由のルーズヴェルトとのやりとりの中止を進言したにもかかわらず、そのままつづけさせた。わざわざ「わが国に、そして英米共通の目的に貢献してくれるケネディ大使を通じて」送るとつけくわえたりした。

ケネディは、「多くの人びとは、これから大変な時代を迎えることに気づいた。そして、失うものはあっても得るものはない、戦うことに何の意味があるのかと、言い始めている。もしイギリス人が、それなりの条件で和平をむすぶチャンスがあると見るなら、反政府の動きが高まってくるだろう」と電報を打つ。在英アメリカ人には「イギリスは負けるだろう」と話してもいた。[27]

毒ガスには毒ガスで！

7月10日、イギリス本土南岸に対するドイツ空軍による爆撃があって、英本土決戦《バトル・オブ・ブリテン》が始まった。ヒトラーは7月19日にドイツ帝国議会《ライヒスターク》で2時間半におよぶ演説をして、「イギリスにもういちど分別を求めずにはいられない。私がこれを求めることができるのは、敗北を味わった者としてではなく、分別を説く勝者としてである。あえて戦争を続けなければならない根拠など見当たらない」といい、「チャーチルを『大嘘つき』（2度）、『扇動者』、『血に染まったディレッタント』などと呼んだ[†27]」。

チャーチルは後年回想録に書く。「ヒトラーは勇ましい演説で、彼の言う『和平提案』を明らかにした」。チャーチルにしてみれば、それは和平提案でもなんでもなく、ヒトラーは「ヨーロッパを意のままに屈服させておいて、それに対するイギリスの承認を得ることで戦争を終わらせたいところであったろう」。

チャーチルはこの件を議会にはかろうかとも考えたが、戦争閣議ではその必要はないと反対された。「そこで、外相が放送を通じてヒトラーの意思表示をしりぞけることに決定した[†22]」。

9月7日以降、ロンドン空襲が日夜つづいた。官庁街のホワイトホールにも爆弾が降ってきた。首相官邸の機能は、ストーリーズゲートの官邸別館地下（現チャーチル博物館）に移された。バッキンガム宮殿に時限爆弾が落下してからは、ジョージ6世国王のエリザベス王妃が低所得層の住むイーストエンドを慰問に訪れて「私どもも、これでやっと、皆さんのお仲間になれました」と、そこの瓦礫《がれき》のなかで言った。

チャーチルはすでに、自分が不慮の死をとげることもありえると、覚悟はきめていた。しかし、ドイツ軍のイギリス本土上陸だけは阻止せねばならない。

首相秘書官ジョン・コルヴィルは、1940年7月1日の日記にこう書いた。

「(ドイツ軍の上陸に備えて)海岸地帯を毒ガス《イペリット》(マスタードガス)漬けにすることを検討するよう首相がイズメイ(首相付参謀長)に訓令を出した。首相はそうした事態になれば、毒ガス作戦も正当化されると考えている」

コルヴィルはまだ25歳だったが[注10]、チャーチルがそれ以前に「不名誉なことはいっさいしない」と言っていたことをあげて、「ドイツ軍に対して毒ガス攻撃を実行することは不名誉なことだとは、つゆ思っていないようである」と、もの言いに遠慮がない。[†21]

そのころイギリスは、ドイツ軍の暗号解読機《エニグマ》の復元に成功し、ドイツ空軍の暗号を解読できるようになっていた。そのエニグマ復元機によって得た情報のコードネームが、《ウルトラ》。

首相官邸には、毎日、カギのかかった「淡黄色《ダフカラー》の函《ボックス》」が届けられる。そこには「首相自身が開閉すること」との注意書きが記されている。[†33]

ボックスが届くとチャーチルは、自分のキーホルダーにあるカギで開ける。なかの文書は、読みおわるともとに戻し、自分で施錠して発出元へ返却させる。

このボックスの中身が、じつは《ウルトラ情報》。ロンドンの北西96キロのバッキンガムシャー州ミルトンケインズの「ブレッチリーパーク暗号センター」――２０１５年に公開された映画『イミテーション・ゲーム――エニグマと天才数学者の秘密』の舞台――から送られてくる。

１９４０年［昭和15年］11月14日も、チャーチルのもとへは、いつものように「淡黄色の函」が届けられた。

正午からウェストミンスター寺院で、ネヴィル・チェンバレン前首相の葬儀。

この日、日没後から、ロンドンの北西、ウェストミッドランズ州コヴェントリーを、ドイツ軍の空爆が襲った。

この空爆をめぐって〝チャーチル謀略説〟（後述）が30年後に突出しようとは誰にも想像できなかった。だいいち、《エニグマ》のことも、《ウルトラ情報》のことも、その存在自体が完全に封印されていたのだから。

ケネディ駐英大使の「最後」

アメリカ大統領選挙が間近にせまった１９４０年10月のことである。駐英大使をないがしろにするかのように、つぎつぎに大統領特使を送りこんでくることに腹を立てたケネディは、「辞任する」とルーズヴェルトに伝えた。ルーズヴェルトはあわてなかった。

注10　チャーチルのハーロウ校の後輩でもあった。

「とにかくワシントンで話し合おう」と言ってケネディを帰国させた。アメリカでは大統領選挙の大詰め。ホワイトハウスで待ちかまえていたルーズヴェルトが、ケネディを翻意させるのには時間を要しなかった。

3期目の政権での新しいポストとケネディの息子たちの政界進出を後押しすることを約束したらしいと言われた。

10月29日、ケネディは、自分で手配したラジオの全米ネットでルーズヴェルト支持を表明し、翌日には選挙キャンペーンをケネディの地元ボストンでしめくくる大統領とならんで、大観衆に向かって手をふった。結果はルーズヴェルトの「地滑り的《じすべ》」勝利。

ケネディは、「政治と外交の話はしない」という条件で、ジャーナリストたちのインタビューをうけた。その条件は国務省からの指示によるものだったが、しかしケネディは我慢がならなかった。たちまち、国務省の官僚主義を批判しはじめ、それをエスカレートさせた勢いのまま、「イギリス嫌い」の本音を1時間半もしゃべりまくった。

そして、2日後のボストン・グローブ紙の第1面には全段抜きで、「『英で民主主義消滅、わが国にもその可能性』とケネディ言明」の大見出しがおどった。全米の新聞がこれをフォローすると、反響[†31]はすさまじかった。ケネディ解任をアピールする手紙がホワイトハウスに殺到したのである。

ケネディはニューヨーク州ハイドパークのルーズヴェルト私邸に呼びだされた。大統領夫人エレノアが近くの鉄道駅まで車を運転して迎えにいき、邸内で別棟になっている書斎に案内した。しかし10分後、書斎に行ってくださいと側近に言われてエレノア夫人がとってかえすと、そこにはケネディの姿はなく、顔をこわばらせたルーズヴェルトが声をふるわせながら「あれを邸内からつまみ出しなさい」と言った。

そして、「あの『げす男《サノバビッチ》』の顔など、生涯二度と見たくない」†32とぶちまけた。それがケネディ駐英大使の最後だった。ケネディは以後息子たちを大統領にするフィクサー役に徹することにしたが、もっとも期待していた長男ジョセフ・ジュニアは、1944年に戦死してしまった。

*

1941年7月14日のチャーチルは大忙しだった。夏のさわやかな青空のもとロンドンのハイドパークに集められたガードマン、レスキュー隊、救急医療班、警察、消防などで構成される民間防衛隊の男女隊員に対して、空爆下での任務をたたえるスピーチをしたのが午前11時半。正午にはロンドン州議会ホールの演壇にたっていた。

前年秋から冬にかけてのロンドン空襲では2万人が犠牲になったが、ロンドン市民は結束して事態に対処してくじけなかった、とチャーチルはいい、さらにつづけた。

「ヒトラーがワルシャワで、ロッテルダムで、またベオグラードでかさねてきたのと同じ、悪質な犯罪行為にもロンドンは屈しなかった。

そっちの悪逆無道に対して《ユー・ドゥ・ユア・ワースト》、我々は全身全霊で戦う《ウィ・ウィル・ドゥ・アウア・ベスト》！　何年かかろうともナチス体制が、我々、あるいは、より望ましくはドイツ国民自身の手によって壊滅させられるまで戦いつづける！」†14 Ⓔ

チャーチルの声は、ＢＢＣラジオのライヴ中継にのって世界へ飛んだ。

＊

１９４１年［昭和16年］12月の日本軍による真珠湾攻撃のあと、チャールズ・リンドバーグは米陸軍航空軍への復帰を志願したが、ルーズヴェルトはそれを許さなかった。

１９６１年１月20日、ジョン・Ｆ・ケネディの大統領就任式。３男ロバートも司法長官となり、フィクサー役の父ジョセフ・ケネディは得意の絶頂にあった。

だが、同年12月、脳梗塞に倒れて言語機能をうしなってしまった。

１９６３年にジョンが現職大統領として、１９６８年にはロバートが民主党の予備選で大統領候補に指名される直前に暗殺されたとき、ジョセフの心中を思いやった家族は、その悲劇を彼に告げることができなかった。

そして１９６９年、ジョセフ・ケネディは81歳で他界した。

〝チャーチル謀略説〟を検証する

１９７０年、死去後５年が過ぎていたチャーチルを《スキャンダル》が直撃した。

イギリス政府の「秘密情報開示」によって、第２次大戦中にドイツ軍のエニグマ暗号を解読して得た「ウルトラ情報」の存在が初めて明らかになり、30年前のコヴェントリー空爆をめぐる《チャーチル謀略説》が噴出したのである。

１９４０年11月14日の日没後から15日の明け方までの10時間以上にわたり、ロンドン北西160

キロの工業都市コヴェントリーを、ドイツ空軍爆撃機500機超が猛爆して壊滅的な被害が生じた。死者554名・負傷者865名。

それで、なぜ《謀略》なのか？

チャーチルは、首相官邸に届けられる「ウルトラ情報」によってドイツ軍の作戦を事前に知っていた、しかし暗号解読をドイツ側に察知されたくなかったから、警報を出させずコヴェントリーを生贄《いけにえ》にした、という《秘話》がばらまかれた。[†33]

「ウルトラ情報は、少なくとも、ドイツ軍がコヴェントリーに対して破滅的な空襲を開始する48時間ないし60時間前に、チャーチルとその補佐官たちに警告を与えたはず」[†34]なのだから。

情報は確かに入っていた。

２日前の11月12日には、「コードネーム《ムーンライトソナタ》というドイツ軍の大空爆作戦が近づいている」と、ウルトラ情報が告げた。

空軍情報部によれば「ターゲットは、ロンドン中心部および首都圏、テムズ川流域、ケント州あるいはエセックス州の海岸」となっていた。[†35]

いっぽう、11月９日に撃墜されたドイツ軍パイロットからの「コヴェントリーとバーミンガムを狙っている」という情報もあった。しかし、それには「ロンドンと周辺諸州のほうが可能性が高い」とのブレッチリー暗号センターによるメモがついていた。

ドイツ空軍は、Ｘ機器《ゲレート》という無線航空装置による爆撃機の誘導法を開発し、英空軍は、その方向指示電波を事前にキャッチして妨害する戦法をあみだして対抗するようになっていた。

イギリス側のデータはいずれも、ドイツの方向指示電波を捕捉した結果をもとにしているのだが、この段階ではまだ、ターゲットとされる範囲があまりにも広すぎて効果的な対処はできない。

11月14日の夕方になって、チャーチルは官邸別館から車で出発した。上空から狙われやすいチェカーズ（ロンドン郊外の首相別邸）の代わりに最近使用されだしたディチリー別邸へ向かうのだ。首相と同行する当番は、4人の首相秘書官のうちコルヴィルに次いで若いジョン・マーティン。

車の中でマーティンが「機密情報ボックス」を渡す。

ボックスのカギを開けて文書を読んだ首相は、「ディチリー行きは中止だ。すぐに官邸へ引き返せ」とドライバーに命じた。

マーティンは「空爆のターゲットはロンドンだという情報だったにちがいない。首相としては、こんなときに田舎でのんびり寝ているわけにはいかないのだろう」と思った。[†36]

官邸に戻ったチャーチルは、若手秘書官らを地下鉄ダウン駅の防空施設で一夜をすごすよう送りこんでおき、自分は別館地下の中央司令室で待機することにした。

しかし、じっと待つのはなんともどかしくなり、空軍省ビルの屋上にあがってロンドンの夜空に目をこらしつづけた。

いっぽう、午後3時には、ドイツ空軍の方向指示電波がコヴェントリーを指しているのが探知されていた。その事実をチャーチルが抑えこんだというのが《謀略説》の根拠なのだが、実際には、チャーチルより先に情報をうけとった参謀本部からコヴェントリーに対して、対空砲と妨害電波を準備する指令が出された。

それでも被害が大きかったのは、ドイツ軍の圧倒的な空爆の前に、対空砲も、開発されたばかりの妨害電波もじゅうぶんな効果を発揮できなかったから。

チャーチルには「午後3時情報」が届かなかったか、あるいは届いてはいたが、ロンドンがメインターゲットであることに変わりはないと思い、空軍省ビルの屋上から降りようとはしなかったか、のどちらかだろう。

いずれにせよ、《チャーチル謀略説》への「反証はいくらでもあるが、《謀略》を裏づける証拠は皆無[†33]」なのである。

21世紀に入ってからは、さすがの《謀略説》も、「コヴェントリーに関しては事実誤認[†1]」ということで鎮静化している。

ところが2015年の日本では、まだ、《謀略説》がまかり通っていたようだ。

安倍晋三《あべしんぞう》首相（当時）が国会で「イギリスの軍情報部がエニグマを解読していたという事実をドイツ側に知られないために今、委員（質問者のアントニオ猪木参議院議員）が御指摘のようなそういう対応をしていたということは、これは有名な話でございます[†37]」とコヴェントリーに言及しているのだから。

父の国から母の国に

第37代米大統領リチャード・ニクソンは、2期目の途中でウォーターゲート事件に巻きこまれて辞任したあと、講演と執筆活動に専念し自伝をはじめ、多くの著書をのこした。

そのニクソンがまだ41歳で、ドワイト・アイゼンハワーの副大統領だった1954年6月、訪米してくるイギリス首相ウィンストン・チャーチル（79歳）の歓迎式のため首都ワシントンの空港で待機していた。

チャーチルは1951年に首相に返り咲いていた。しかし、すでに高齢ではあるし、この訪米の前年に見舞われた心臓発作の予後も、ニクソンには気がかりであった。

はたしてタラップに姿をあらわしたチャーチルの足どりは覚束《おぼつか》なかった。けれども歓迎の人波を見つけると、「真っ直にカメラとマイクロフォンのほうへ歩いていき、私の歓迎の辞を待たず、さっさと到着第一声をしゃべり始めた。**父の国から母の国に来たのは喜ばしい**というのが、第一声だった」。[†38] Ⓕ

ときは19世紀まで遡《さかのぼ》る。1873年8月12日、チャーチルの父ランドルフ・チャーチル（24歳）と母ジェニー・ジェローム（19歳）が初めて対面した。

場所はイギリス本土南岸に接するワイト島のリゾート地カウズ。イギリス皇太子（のちのエドワード7世）夫妻がロシア皇太子（のちのアレクサンドル3世）夫妻を、英海軍巡洋艦アリアドネに迎えて催された艦上ダンスパーティーの席。

15歳のチャーチル(右)と母ジェニー

ランドルフ・チャーチルは第7代マールバラ公爵の3男で、まもなくおこなわれる総選挙では父の所領の選挙区から下院議員に立候補しようとしていた。

ジェニーは、米国の投資家レナード・ジェロームの次女。ジェローム家の母娘の住居は、パリのシャンゼリゼ通りにあったが、普仏戦争でフランスが敗れたあとの混乱をきらって、1871年からはワイト島の別邸に滞在することが多かった。

ニューヨーク在住のレナードが妻子のもとを訪れるときは、プライヴェート外洋クルーザーのクルーをみずから指揮して大西洋をわたってくるのだ。隆盛のピークを過ぎようとしていた大英帝国の貴族に対して、新興アメリカ合衆国市民のリッチマンぶりを見せつけるかのように。

ランドルフ・チャーチルには、公爵家の男子として卿《ロード》のタイトルがあたえられていた。だがそれは、儀礼称号であって彼の法的身分は貴族ではなく一般人。父親の威光のおかげで総選挙に当選はしたものの、当時は議員報酬がゼロ。かえって、議員のほうから選挙区に対して寄付をしなければならなかった。ようするに「親がかり」の身のまま、ランドルフは、ジェニーと出会ってすぐさまプロポーズをし、翌年の結婚までことを強引に運んだようだ。

ジェローム家のほうは、父親が多額の「持参金」を用意するなどふたりをバックアップした。けれども、その持参金を「無礼なドル」と見なしたマールバラ公爵はにがにがしく思った。公爵家では数代にわたる浪費のせいで家計が思わしくなかっただけになおさら、ということもあっただろう。

無念の死を遂げた父

ウィンストン・チャーチルの孫（長女・ダイアナの娘）シリア・サンズの著書『少年チャーチルの戦い』[†39]によると、マールバラ公は、ランドルフが「知り合ったばかりのアメリカ女性と性急に婚約したことを心配した。しかし、彼のかねてからの希望にしたがってランドルフ卿が（公爵領の）ウッドストックから下院議員に立候補することに合意したので、その心配も和《やわ》らげられた。1874年の初め、公爵はその選挙がすむとパリに行って、未来の嫁と会い、たちまちほれこんでしまった[†39]」。

1874年4月15日、ランドルフとジェニーはパリの英国大使館で挙式した。

レナード・ジェロームはニューヨークから駆けつけたが、新郎側の列席は長兄ジョージ（第

8代マールバラ公）とイギリス皇太子エドワードの秘書だけで、新郎の両親の姿はなかった。

そして7ヵ月半後、ロンドンのタイムズ紙に「11月30日、ランドルフ・チャーチル卿夫人の早産により男児誕生」の記事がでた。この男児がウィンストン・チャーチル。

出生地は、オックスフォードシャー州ウッドストックのブレナムパレス――マールバラ公爵家の所領城館《カントリーハウス》である。

タイムズ紙は「早産」としたが、いや、そうではなく挙式前すでに母の胎内にあり、月満ちて生まれたのだという話題が、いつまでもチャーチルについてまわった。そのつど、彼はうれしそうな笑みをうかべては言ったものだ。

「その場に居合わせてはいたけれど、そこにいたる経緯についてはまったく記憶にない」と。

それでも「早産であったほうがチャーチルらしかっただろう。自分の出番がくるまで待ちきれなかった後年の彼そのものだったわけだから[†40]」。

ウィンストン・チャーチルが生まれてまもないころ、父ランドルフが「事件」を起こした。

ランドルフと長兄ジョージのチャーチル兄弟は、エドワード皇太子をとりまくグループの一員であり、なかでもランドルフ夫妻は皇太子のお気に入りだった。

ところが、ジョージとグループ内のある伯爵夫人との不倫関係が駆け落ちにまでおよんで、そこへランドルフが介入したあげくに、皇太子夫妻をまきこむ騒ぎになった。ランドルフは、伯爵夫人の情事の相手が兄ジョージの前は皇太子であったことを知っていて、皇太子から伯爵夫人に宛てたラブレターを入手し、皇太子妃アレクサンドラのもとへそれをもち込んだのだ。

そして、皇太子妃から相談をうけ激怒したヴィクトリア女王が、ベンジャミン・ディズレイリ首相[注11]を調停にあたらせた。

すでに皇太子から決闘状をつきつけられていたランドルフが、王室を脅迫するつもりはありませんでした、と謝罪をする。それが「ディズレイリ調停」であった。ランドルフは英国をはなれ、ニューヨークの義父レナードのもとでほとぼりが冷めるのを待ったが、その程度ではすまなかった。

ディズレイリ首相は、ランドルフを秘書として帯同する条件つきで、マールバラ公爵をアイルランド総督に任命した。公爵父子をロンドンから「放逐《ほうちく》」するのである。こうして1877年1月、満2歳になったばかりのウィンストンも両親といっしょにダブリンへ行き1880年までそこに住む。

ロンドンに戻ったあとのランドルフは、攻撃的な言動によって保守党の若手下院議員としてのしあがっていった。反対党の自由党を攻撃する論客として重用され、1885年の第1次ソールズベリー内閣ではインド相、翌年の第2次内閣では財相に抜擢された。ランドルフ、36歳。

けれど、軍事予算削減をめぐって首相と対立した。

ブラフのつもりで出した辞表が、あっさり受理されてしまい、その後二度と閣僚職に復帰できず、1895年1月24日、失意のうちに45歳で他界した。

脳梅毒の症状が悪化した病死、などと言われた。

だが、シリア・サンズ（前出・チャーチルの孫娘）はのちに書く。

「真の原因については、誰もこうと断定はできないであろう。ただひとつ確実なのは、彼（ランドルフ）が脳を病んで苦しみ、それが昏睡と死にいたる前の彼の気性、行動、理性の力に影響していたということであった。26年後、保守党内のウィンストンの政敵は、閣僚の地位から遠ざけようとして、彼（ウィンストン）に、梅毒の父に生まれたアルコール依存症の息子という呼び名をつける。しかし最近の医学研究はあらゆる入手可能な事実を再評価し、彼の母（ジェニー）に宛てた手紙に記述されている兆候も考え合わせて、ランドルフ卿の死は脳の深部の腫瘍によるものではないかと示唆している」[†39]

いっぽう、母ジェニーについては「ランドルフ夫人は美人だったが浮気者で、男たちに取り巻かれていたたい欲望が結婚後もやまなかった。上流階級の中でだけだが、彼女のはでな婚外交渉は広く知られ、のちにエドワード７世になった皇太子も、お相手のひとりだった」[†38]。

いずれにせよ、父を亡くしたあと独り立ちする青年チャーチルを、エドワード７世をはじめとする、母の「男友だち人脈」が、さまざまにサポートしてくれることになる。

初めて「母の地」アメリカへ

父が死亡する直前にサンドハースト陸軍士官学校を卒業したチャーチルは、葬儀のあと少尉

注11　19世紀イギリスを代表する保守政治家・小説家。ヴィクトリア女王の信頼が厚かった。しばしば自由党のウィリアム・グラッドストンと並び称される。

任官し、第4軽騎兵連隊に配属された。軍務にはげむ毎日であったが、すでに政治家志望がめばえていた。そのためには早く実戦を経験し勲功をあげなければならない。

チャンスはやって来た。連隊のインド派遣前の休暇を使いキューバの反乱討伐にスペイン政府軍側で従軍できることになったのだ。

母のつてにより新聞の臨時従軍特派員にも採用された。キューバ行は往路復路ともアメリカ経由である。母の祖国であるアメリカには早くから関心があった。アメリカはどんな国で、アメリカ人とはどのような人びとなのか。

ニューヨーク入りしたチャーチルを出迎えたのはバーク・コクラン。民主党の連邦下院議員でニューヨーク政界の有力者、母ジェニーの「男友だち」でもある。

コクランは5番街《フィフスアヴェニュー》の高級アパートメントの自邸で歓待してくれた。1週間にわたる滞在中に、ウェストポイント陸軍士官学校訪問や地元名士とのディナーをセットしてくれた。コクランの書斎ではブランデーをすすり、チャーチルにとって初体験のシガーをふかしながら、あらゆる話題を深夜まで語りつくした。父ランドルフとは話しこんだ記憶がほとんどなかったのに、コクランとはまるで実の父と子であるかのように。

チャーチルは、コクランの用意した特別車室で、ニューヨークからフィラデルフィア、ワシントン経由でフロリダまで36時間の列車旅をして、キーウェストから船でキューバにわたった。

初めて訪れた母の国の若々しい活力は、チャーチルにつよい印象をのこした。

「アメリカ国民をひとりの大柄で華美な青年と考えてみよう。彼は至る所で人の感受性を踏みにじり、ありとあらゆる不作法を働く。年齢もたんなる伝統も、何らの敬意を引き起こさない。しかし自分の仕事はさわやかな新鮮さで処理するから、それが地上の諸国民を羨望させることになるかもしれない[†2]」

＊

1896年、第4軽騎兵連隊がインドへ派遣された。チャーチルはそれからの3年間、駐屯地バンガロール（現ベンガルール）での勤務をこなしながら、ひたすら読書をつづけ、歴史、哲学、政治について、大学へいかなかった分まで独学した。いっぽうでは休暇を利用した戦地への志願従軍とジャーナリスト契約の仕事を母に後押ししてもらった。

ボーア戦争取材時のチャーチル
(英軍兵士の制服を着ている)

そして、インド北西国境地帯の反乱討伐（1897年）とエジプト・スーダンのナイル河流域のイスラム勢力との戦い（1898年）に従軍し新聞に記事を送った。そのうえ両方とも単行本にまとめることができた。

デビュー著作となった『マラカンド野戦軍記[†41]』と『河畔の戦い[†42]』である。

いよいよ政治家への道がひらけたと思ったチャーチルは1899年の春、

陸軍中尉で退役し6月の下院補欠選挙に立候補するが、あえなく落選。秋には南アフリカ戦争（ボーア戦争）にジャーナリストとして従軍。取材にむかう途上で戦闘にまきこまれて抵抗したために捕虜となったが、収監されたプレトリアの収容所からポルトガル領モザンビークのロレンソマルケスまで、500キロにおよぶ脱出行に成功しヒーローに。

そして1900年の総選挙で当選をはたし、25歳で保守党の下院議員になった。

チャーチルは「先を急ぐ若者」であった。

父は45歳、その長兄である伯父は48歳で世を去り、もうひとりの伯父は4歳で夭折《ようせつ》していたことから、自分も50歳までは生きられないと思いこんでいた。また彼自身が「黒 犬《ブラックドッグ》」と呼ぶ鬱症にしばしば落ちこんだあとには焦りが生じた。

チャーチルは保守党在籍わずか4年で、保護貿易をめぐる保守党内の議論から、自由党が主張する自由貿易のほうへ流れをかえて、反対党へと移籍した。そして自由党政権のもとでの10年間に、植民省政務次官、商務長官、内相、海相を歴任するのである。

1911年8月、ハーバート・アスキス首相が招集した帝国防衛委員会に出席した内相は、「まだ37歳という若さだったが隅におけない存在で、畑ちがいの職にありながらも、彼は首相が難問題にぶつかると、陸海軍の戦略に関し、どしどし首相に知恵を貸した。しかも彼の考えは妥当で、来《きた》るべき戦争についての予測もおどろくほど正確なものだった。その青年内相こそ、ウィンストン・チャーチルであった[†43]」。

同年10月、チャーチルは首相に請われて内相から海相に転じた。

1914年7月末に始まった第1次世界大戦は、クリスマスまでには終わるだろうとされた予測とはうらはらに、西部戦線で塹壕《ざんごう》戦の膠着《こうちゃく》状態におちいって年を越した。

現状打開をもくろんだチャーチル海相は、トルコのエーゲ海側からダーダネルス海峡の隘路《あいろ》を海軍により突破してマルマラ海に入りコンスタンティノープル（現イスタンブール）を攻略する「ダーダネルス作戦」に取り組んだ。しかし、なすすべもなく失敗し、ランカスター公領相に左遷された。

＊

1921年6月、チャーチルの母ジェニーが67歳で死去した。

彼女は夫ランドルフを亡くしたあとで2回結婚していたけれど、ウィンストンは母を、チャーチル家墓所の父の隣に埋葬した。

ヒトラーと並んで歩く松岡洋右

第3章

ヒトラーVS地獄の悪魔

首相は青の防空服《サイレンスーツ》[注12]を着たまま、10番（首相官邸）の新しいダイニング・ルームで、イーデン（陸相。このあと外相）とふたりして夕食をとった。

演説がうまくいったあとはいつもそうだが首相はすこぶる上機嫌で、黒猫のネルソン[注13]とのおしゃべりでイーデンと私を大いに楽しませてくれた。ネルソンは大砲をこわがってばかりいて、名前負けしていると首相が叱った。首相はネルソンを諫《いさ》めてこう言った。

「イギリス空軍の兵隊さんたちがなにをしているか忘れてはいけないよ[†21]」

駐イギリス日本大使

1940年［昭和15年］5月17日早朝。

ウィンストン・チャーチル（65歳）は、パリのイギリス大使館で、束《つか》の間《ま》の熟睡から目覚めた。前日の午後ロンドンから駆けつけ、ドイツ軍の攻勢に押しまくられ首都放棄の寸前にあったフランス政府救援に奔走し、ベッドに就いたのは午前2時をまわってからだった。朝食はそこそこにすませ、待機させておいた英政府専用機でロンドン近郊の空港まで飛ぶと、午前10時にはダウニング街の首相官邸に帰着して閣議を開き、フランスの窮状を説明していた。

閣議が終わると、外国公館からの招待に首相として初めて応じるため、クレメンタイン夫人をともない外出した。向かった先が、大陸で英仏軍を追いつめつつあったドイツとの提携をふたたび強めていた日本の大使館での午餐会《ランチヨン》だとわかると、いっせいにブーイングが起きた。

ホスト役は、駐イギリス日本大使・重光葵《しげみつまもる》（のちに外相・52歳）。駐中国公使をつとめていた1932年［昭和7年］に上海《シャンハイ》事変の停戦交渉をめぐる爆弾テロにあい右足を失い、オフィシャルな場では義足とステッキで活動する《隻脚《せつきやく》大使》として知られていた。

チャーチルは、チェンバレン内閣の海相当時に重光から午餐会の招待をうけて、快諾していた。だが、ドイツ軍のオランダ・ベルギー・フランスへの侵攻開始とチャーチルの首相就任の日がかさなる激動の1週間。午餐会のアポは、果たしてどうなるのだろうか。

けれど、その約束の日にチャーチルはやって来た。

「時が時なので当時、世人《せじん》の注目を引いたものだった。米国人の中には『なぜ日本の大使館に最初に行くのだ』との反発もあったようだ。チャーチルはランチョンのあと、重光に対してまだ公表されていないことにも言及して、戦況が極度に悪いことを肯定し、『こんなときにはチーヤフル〔快活〕にやっているに限る』と言った」†44
そして大使館広間に案内され、横山大観《よこやまたいかん》や竹内栖鳳《たけうちせいほう》の日本画などを鑑賞。自分でも絵をかくチャーチルは、「マントルピースに飾ってあった牧野《まきの》（義雄《よしお》。重光懇意の在英画家）の近作《開戦直後の日本大使館》をほめたりして悠々と帰って行った。英国は国家存亡の危機に際して良い

注12　チャーチルが緊急時用に考案し愛用したオールインワン。
注13　トラファルガー海戦のホレーショ・ネルソン提督に由来。

指導者を得たものだと思った」[†44]。

日本とイギリスの関係は悪化の一途をたどっていた。1902年［明治35年］から継続してきた日英同盟は、1923年［大正12年］に解消されてすでに17年が経過。満洲《まんしゅう》事変の勃発（1931年）、米国は加盟せずイギリス・フランスが主導する国際連盟から日本が脱退（1933年）、盧溝橋《ろこうきょう》事件（1937年）など、日英関係を緊張させる事態があいついだ。

重光が駐ソ連大使から駐英国大使に転任してきた1938年［昭和13年］のイギリス外交は、ネヴィル・チェンバレン首相とエドワード・ハリファックス外相の保守本流コンビが担《にな》い、国際間の「宥和妥協《アピーズメント》」路線をとっていた。ヒトラーに譲歩したミュンヘン協定は「平和をもたらすもの」とされ、一時的ではあったものの英国民から熱い支持をうけた。チャーチルは保守党内反主流に孤立しながら、アピーズメント政策に異を唱えていたが、当時、日本との接点はなかった。

しかし、1939年［昭和14年］の第2次世界大戦開戦とともに、チェンバレンはチャーチルを戦争内閣のキーパーソンである海相に迎えた。

外交官・重光の初任地は第1次世界大戦前のドイツ・ベルリン。大戦が始まると日本は日英同盟によって連合国側で参戦し、ベルリンの日本大使館は閉鎖され、外交官はドイツ軍の銃火によって追われるように国外へ脱出。任地をうしなった重光はロンドンの在英大使館に勤務替えとなった。第1次大戦中は、はからずも、英独両国の国情、国際政治の場における力関係をつぶさに見ることになった。

ロンドン時代につちかったイギリス外交関係の人脈はパリ講和会議、１９２０年代の中国在勤時にさらに広がった。１９３８年、駐英大使となった重光はそれらの人脈を活かし、イギリス政官界とのチャンネルをつくりあげていった。

第２次世界大戦開戦の８ヵ月後、チェンバレン政権が行きづまり、チャーチルは、共産党とファシスト――共産党１名の他に数名の下院議員がいた――をのぞく全政党がバックアップする挙国一致内閣《ナショナル・ガバメント》の首相になった。

重光はすでに、チャーチル内閣のジョージ・ロイド植民相、モリス・ハンキー、ランカスター公領相、リチャード・バトラー外務政務次官などとの付き合いがあった。

自分でデザインしたサイレンスーツに身を包む

重光によれば、チャーチルは、もともと「親日的ではなく、満洲事変以来は特に日本をよく思っていなかった」。

しかし、リアリストの政治家として「今日の難局に当たっているのだから、彼を動かして日英関係を繋ぎとめることはけっして不可能ではない」と重光は確信していた。[†44]

ビルマルートで日英せめぎ合い

フランス国内を進撃するドイツ軍の勢いはとまらなかった。

6月4日、ダンケルク海岸から英本土へ、敗残の英仏軍33万8千を救出する「ダイナモ作戦」が完了した。この日のイギリス下院。緊迫感でビリビリふるえる雰囲気のなか、先ほどからチャーチル首相が演説をしていた。議場を見おろす外交団席には重光日本大使の姿があった。

6月10日、イタリアが英仏に宣戦布告。18日にはフランスが降伏した。

数日後、英外務省大臣室。きびしい表情のハリファックス外相が、重光と向き合っていた。

東京駐在の英国陸軍武官が日本の参謀本部に呼びつけられ、ビルマルートの閉鎖を要求された。また、その際「外務省の如《ごと》きは全然無力で、なんら日本の実勢力を代表していない。日本陸軍は今日、日本を左右する実勢力である」と告げられたという。

ハリファックス外相は重光大使に対して「こんな形式の要求は受け付けることはできない」と抗議した。[†44]

ビルマルートとは、英領ビルマ（現ミャンマー）から中国・雲南《うんなん》省に通じる陸上輸送路。四川《しせん》省重慶《じゅうけい》の中国国民党政府（蔣介石《しょうかいせき》総統）に対する支援物資が運ばれていた。

6月19日、東京。

参謀本部情報部長がイギリスの駐在武官に「ビルマルートの閉鎖・香港《ホンコン》国境の閉鎖・上海からの英軍の撤退」を要求したとの報告をうけたロバート・クレーギー駐日イギリス大使は、有《あり》田《た》八郎《はちろう》外相と会見。「これは日本政府の考えなのか」と質《ただ》した。

有田は「外務大臣の言《げん》が日本政府の意向を伝えるもの」と言うばかりで歯切れが悪く、「日本政府がある提言をおこなうことをもあわせて示唆した」。

６月24日、「日本外務省を通ずる正式な外交路線により、ビルマ経由武器輸送停止の要求が英国側に提出された」[†45]。

日英間の外交折衝《せっしょう》はロンドンと東京、それぞれでつづけられた。

７月18日、イギリス下院における質疑。

答弁に立ったチャーチルは、「英領ビルマ政府当局は、武器、弾薬、ガソリン、大型トラック、鉄道機材の中国への輸送を３ヵ月間停止することに同意した。これは暫定措置であり永久閉鎖ではない」と言った[†8]。イギリスは、いったん折れたのである。

７月22日。日本で米内光政《よないみつまさ》内閣が倒れ、近衛文麿《このえふみまろ》首相、松岡洋右《まつおかようすけ》外相の第２次近衛内閣が発足した。重光にとって近衛も松岡も旧知の間柄である。第１次世界大戦を終結させるパリ講和会議（１９１９年［大正８年］）で３人とも、西園寺公望《さいおんじきんもち》日本首席全権の随員をつとめていた。

重光は「欧州の一角から、今度こそ、いずれも自由主義を解する近衛、松岡の連携によって、軍部の力を押え、日本を正道に引き戻すようになるのではないかと、一時はひそかに期待した次第である。松岡君は、外務省において重要なる経験を経た後、政党政治家としても、大陸における実業家としても、更に長き責任を有《も》っていたので、彼に対する当初の期待は、識者間において、少なくはなかった[†46]」。

《十字架上の日本》

松岡洋右は1880年［明治13年］に山口県に生まれた。義理の甥《おい》である岸信介《きしのぶすけ》・佐藤栄作《さとうえいさく》兄弟につづいて、岸の孫の安倍晋三《あべしんぞう》と首相が3人も出ることになる政治ファミリーの、松岡はパイオニアといってよかった。

彼は、父親が事業に失敗したあと13歳で渡米し苦労のすえオレゴン大学法学部を卒業し、22歳で帰国。1904年、外交官試験にトップの成績で合格し任官したが、41歳で外務省をやめ満鉄（南満洲鉄道）理事に転身。1930年［昭和5年］には政界にうって出た。

上海事変当時（1932年）衆議院議員だった松岡は、停戦交渉にあたる重光のアドバイザー役として犬養毅《いぬかいつよし》内閣によって送り込まれてきた。重光が遭難したのが4月29日。交渉のめどがつき東京にひきあげていた松岡だったが、上海へ急行し重光を見舞った。

「そして『脚一本ぐらいなんでもない』と元気よく慰めてくれた」†44という。

その3日後、5・15事件が起こり、犬養首相は凶弾に倒れた。同年10月、松岡は国際連盟の日本首席全権としてスイス・ジュネーヴへ向かった。連盟総会では、満洲問題で日本を非難する国際世論に対する反論をぶちあげた。

> 人類は嘗《かつ》て二千年前ナザレのイエスを十字架に懸けた。ヨーロッパやアメリカの或《あ》る人々は、今二十世紀に於《お》ける日本を、十字架に懸けんと欲《ほっ》して居るではないか？

諸君！　然《しか》し我々は信ずる。僅《わず》かに数年ならずして、世界の輿論《よろん》は変るであろう。而《しか》してナザレのイエスが遂《つい》に世界に理解された如《ごと》く、我々も亦《また》、世界に依《よ》って理解されるであろう。[†47]

「十字架上の日本と呼ばれて報道された、前後1時間20分におよぶ大演説」を、松岡は得意の英語で原稿もないまま、やってのけた。

1933年2月24日、《満洲事変は日本による侵略である》とするリットン報告書の採決がおこなわれ日本は反対したが、賛成42・反対1（日本）・棄権1（タイ）でリットン報告書は承認された。軍事顧問団を送りこむなど中国と友好関係にあったドイツは、このとき賛成にまわった。採決のあと日本代表団は松岡を先頭に議場から退場していき、3月8日、日本政府が連盟脱退を通告。

松岡は国際連盟の本部があるジュネーヴからロンドンを経てアメリカへわたった。

ワシントンではフランクリン・ルーズヴェルト米大統領に会い、日本の脱退前に国際連盟宛てに出した「親書の写しを手交《しゅこう》した。経済恐慌に果敢なメスを振るうべく、国民の地滑《じすべ》り的な支持を得て選出され、就任したばかりの青年のように若々しい大統領は、じっくりと読むであろうと約した」から、松岡としてはおおいに満足であった。[†47]

チャーチル・葉巻《シガー》・拳銃

ふたたび１９４０年［昭和15年］。

７月10日、フランス、ベルギーの基地からドイツ空軍機群が飛来し、イギリス本土を初めて爆撃した。狙われたのはイギリス南部の航空機基地・港湾施設。まず制空権・制海権をおさえてから上陸して来る作戦だろう。

８月11日、ロンドン西北方バッキンガムシャー州にある首相別邸・チェカーズ。首相が、ジョン・コルヴィル秘書官、長男ランドルフ・チャーチルらを連れて近くの射撃場に出かけた。

コルヴィルによると、チャーチルは「100・200・300ヤードの距離の標的にむかってマンリカ製ライフルを発射した。また葉巻をくわえたままで、相当な正確さで自分の拳銃」も撃っていた。すでに65歳。敏捷《びんしょう》そうには見えない肥満体なのに「なかなかの腕前だった。この間ずっと彼はフン族（ドイツ人のこと）を殺す一番よい方法はなんであるかしゃべっていた。柔頭銃弾《ソフトポイント》がいいそうで、すぐほしいとのこと。しかし戦争でそれを使用するのは違法です、とランドルフが言った。首相の答え。ドイツ人が自分をつかまえたら、さっさと始末するはずだ。だからドイツ人には情などかけることはない[†21]」。

＊

英本土へは、航空機数でまさるドイツ空軍の爆撃機・戦闘機が波状攻撃をしかけてくる。迎撃する英国空軍《ロイヤル・エアフォース》（RAF）の戦闘機は攻撃しては地上に戻り燃料補給をくりかえす激闘をよく戦った。7月10日以降、9月いっぱいまでの航空機の損失は、ドイツ空軍1409機に対してRAFは779機だった。[†25]

8月20日。「チャーチル首相は議会で演説し、『人類の闘争で、かくも多数の人間が、かくも少数の人間の恩恵を受けたことはかつてなかった』とRAFの搭乗員たちを賞賛した。搭乗員たちは『かくも安い給料で』とまぜっかえした」。[†24]

9月2日、チャーチル待望の「援軍」がやって来た。イギリス海外領の海軍基地のリースを条件にして、米国から中古駆逐艦50隻を譲りうける「駆逐艦・基地協定」がまとまったのだ。

9月7日から、空爆の主目的は首都壊滅にきりかえられたようで、ロンドンじゅうに爆弾が降りそそいだ。官庁街《ホワイトホール》の政府庁舎ビルは「繰り返し命中弾を受けた」。

ダウニング街10番の首相官邸は、築250年で「がたがたできゃしゃなもの」。直撃弾を見舞われたら、ひとたまりもない。首相一家の生活スペースと官邸機能を「もっと堅固な政府の建物に」移すようになった。官邸別館と呼ばれるその建物の地下には閣議をひらく作戦室《ウオールーム》が新設された。

9月18日、朝日新聞の日本人記者が首相官邸にやって来た。コルヴィル秘書官がチャーチルの動静についてブリーフィングをしているとき、「たまたま『炯々《けいけい》たる眼光』の首相があらわれ、『記者にニッコリ挨拶した』」。[†21]

重光の日本大使館は、至近弾に見舞われ爆風で建物が半壊する被害もあったりし、移転をくりかえしていた、9月の「ある日、我々にとっては真の爆弾が落ちた。（日独伊）三国同盟締結の報道がロンドンに到着したのである」[†44]。

日独伊三国同盟

日本・ドイツ・イタリアの3国間にはすでに共産主義ソ連を対象にした防共協定があり、それを軍事同盟に格上げする交渉が日独間で進んでいた。

しかしドイツは突如、ソ連と独ソ不可侵条約をむすびポーランド分割を密議したうえで、第2次世界大戦に突入。

事前に何も知らされていなかった日本の平沼騏一郎《ひらぬまきいちろう》内閣は、「欧州の天地は複雑怪奇なる新情勢を生じた。わが方は従来準備し来《きた》った政策はこれを打ち切り」との声明を残して総辞職し、軍事同盟構想はついえていた[†48]。

それがちょうど1年前の1939年［昭和14年］のこと。《8月23日・独ソ不可侵条約締結》、《同28日・平沼内閣総辞職》、《9月1日・第2次世界大戦勃発》という経緯であった。

平沼内閣のあとは、阿部信行《あべのぶゆき》、米内光政と軍人首相がつづいたが、陸軍が米内（予備役《よびえき》海軍大将）政権を倒して第2次近衛内閣を成立させ、その陸相となったのは東条英機《とうじょうひでき》陸軍中将。もともと陸軍が推進しようとしていた「日独提携強化」が復活してきた。

ヨーロッパ戦線でのドイツの攻勢に乗るべきだとの声が日本国内で勢いをもり返していた。

ドイツはドイツで、イギリス本土攻略が思うように進まないなか、アメリカが英側に参戦してきたらたまらない。日本と軍事同盟をむすべば、太平洋における日本艦隊の存在が米国に対する抑止力になるのではないかと考えた。

近衛首相・東条陸相と協議をかさねた松岡外相が、日独伊の提携強化について、ヨアヒム・リッベントロップ独外相に打診したところ、リッベントロップは、腹心のハインリヒ・シュターマーを特使として東京に送りこんできた。松岡・シュターマー会談は9月9日から、千駄ヶ谷《せんだがや》の松岡私邸で始まった。

シュターマーは、ドイツが求めるのは「日本があらゆる方法によってアメリカを牽制し、その参戦を防止するという役割を演ずること」であり、「日独間に了解あるいは協定を成立させて、いかなるときでも危機の襲来に対して完全にかつ効果的に備えることが両国にとって有利である」と力説した。[†49]

アメリカを牽制することについて、日本側に異存はなかった。東京における交渉をサポートした外務省顧問・斎藤良衛《さいとうりょうえ》によると、松岡は事前に「この同盟はアメリカを向こうに回して抗争するものでは絶対にない。アメリカをヨーロッパ戦争に参加させないようにすることによって、太平洋で向かい合っている日米の2大国間の平和を保《たも》ち、ひいて世界の大動乱を予防するのが同盟の目的」であると強調していた。[†50]

松岡・シュターマー会談は9回おこなわれ、その間、9月19日から23日までリッベントロップ独外相がイタリア・ローマに滞在して独伊交渉が進んだ。

9月19日。天皇の出席のもとにおこなわれる御前会議で松岡は、「今回の対独交渉の基礎は、平沼内閣時代のそれとまったく異なっております。すなわちドイツ側も日本のヨーロッパ戦争参加の必要なしと言明している次第でありまして、ドイツはアメリカの参戦を、日本は日米衝突を回避することを共通目的としたのであります」[†45]と述べた。

9月27日。ベルリンで、来栖《くるす》三郎《さぶろう》駐独日本大使、リッベントロップ独外相、ガレアッツォ・チアノ伊外相が日独伊三国条約を調印し、その第3条には「締約国中いずれかの一国が現に欧州戦争または日支《にっし》（日本と中国）紛争に参入」していない一国に攻撃されたときは、「三国はあらゆる政治的、経済的及び軍事的方法に依り相互に援助すべきことを約す」[†45]と記されてあった。

11月5日、フランクリン・ルーズヴェルトが米国史上唯一となる大統領3選。

12月18日、ヒトラーが極秘裏に、対ソ連攻撃戦を準備する「バルバロッサ作戦」計画の作成を命令。しかしこのことは、日本はもとより世界じゅうが知るよしはなかった。

「イギリス帝国主義野郎」

1941年［昭和16年］1月8日。イギリス本土南岸のプール港に、中立国ポルトガルから飛来した飛行艇が着水し、ぐったりした表情のアメリカ人が、冬外套《ふゆがいとう》のなかに痩身《そうしん》をちぢめて降りたった。ハリー・ホプキンズ米大統領顧問。

アメリカ東海岸のヴァージニア州ノーフォークを出発し、バミューダ諸島、アゾレス諸島経由でポルトガル・リスボンまではパンアメリカン航空の、リスボンからは英国海外航空（BO

ＡＣ）の飛行艇を乗り継いできた。

４年前にパンアメリカンが開設した、民間の飛行艇による大西洋横断路線は、第２次世界大戦勃発とともに休止され、今では機材も搭乗員も米軍の管理下におかれ、軍関係以外では政府要人だけが使用できた。

１月９日、列車でロンドンに到着したホプキンズは、グロウヴナースクウェアのアメリカ大使館に立ち寄って、ワシントンから送られてきた最新情報を受けとってから、ウェストエンドのクラリッジホテルにチェックインした。

翌日、ホプキンズが首相官邸を訪れると地階の一室に案内された。割れた窓ガラスや、工事業者の動きなどに気をとられながら待っていると、笑顔いっぱいのチャーチルがあらわれ、「ようこそ、いらっしゃった！」と握手の手をさしだしてきた。それからふたりだけで小食堂にこもった会談は、昼食をまじえながら３時間を超えてつづいた。

ロンドンでふたりが話をしているころ、ワシントンでは、武器貸与《レンドリース》法[†32]案が議会に上程された。

ホプキンズは、「簡単には通らないでしょうが、必ずうまくいくはずです」と言った。

ホプキンズはアメリカ中西部アイオワ州出身。ルーズヴェルトには、大統領がニューヨーク州知事であった時代から仕《つか》えてきた。中央政権では公共事業局長官、商務長官などを歴任しニューディール（新規巻き直し）政策を推進してきた。

胃ガンの除去手術と小腸の難病のせいでひょろひょろに痩せた病身だったが、大統領顧問に抜擢されてからは「24時間体制」で大統領をささえた。まだ年少のひとり娘ダイアナとふたりで暮らしていたワシントンの住まいを、ホワイトハウス内に移して、大統領の家族同然になっていたのだ。

ホプキンズは、イギリス滞在4週間のあいだに、チャーチルが国じゅうの軍事拠点や爆撃被災地を視察するのに同行した。週末には首相別邸・チェカーズに招待された。

海峡の向こうにドイツ占領下のフランスを望むドーヴァーの砲撃基地へ同道した日。チェカーズに戻ってからの夕食の席で、ホプキンズは、ちょっとしたエピソードを披露した。

基地で作業中の職工がチャーチルの視察に気づいて仲間に声をかけるのが、ホプキンズのところまで聞こえてきたという。

「ほれ、イギリス帝国主義野郎のお通りだよ」と。

それを聞いたチャーチルは、顔をくしゃくしゃにして喜んだ。同席していたコルヴィル秘書官のほうを向いて「うーん、いいね」といった。[†21]

「日本は戦争を仕掛けてくる」

前年9月に日本が北部《ほくぶ》仏印《ふついん》[注14]に進駐し、日独伊三国同盟をむすんで以来、イギリスは、日本が英領マレー[注15]・シンガポール、蘭印《らんいん》[注16]を狙っているものと警戒を強めていた。

松岡外相がタイ・仏印の国境紛争の調停にのりだした1月末には、これは、「日本参戦の序曲と見るべきであるとの噂がひろまった。同時にドイツは、シンガポールで英軍を攻撃するようにと日本に対してますます圧力を加えていた」[†25]。

２月６日、日本関係の最新極秘情報がイギリス閣議に報告された。

ロンドンの日本大使館スタッフに対して、「イギリス政府当局者とのコンタクトを最小限にとどめるとともにいつでも出国できる準備をせよ」との指示がでたという。日本大使館の電話盗聴で得た情報だった。[†14]

翌７日には、駐米大使へ転出するハリファックス卿と交代したアンソニー・イーデン新外相が、重光日本大使を外務省に呼び、「日本が仏印とタイに圧迫をくわえているとの不穏な報告があるが、極東の英領が攻撃を受けた場合、住民の安全および福祉を全力で防御する」との内容の覚書を手渡した。[†51]

２月15日、チャーチルはルーズヴェルト米大統領へメッセージを送る。

ウィンストン・Ｓ・チャーチルよりフランクリン・Ｄ・ルーズヴェルト大統領へ

１９４１年２月15日

さまざまな情報が示していますように、日本は、ここ数週間あるいは数ヵ月以内

注14　フランス領インドシナ北部（現ヴェトナム・ラオス・カンボジア）。
注15　現在のマレーシア。
注16　オランダ領東インド、現在のインドネシア。

にわが国に対して戦争を仕掛けてくるか、あるいは私どもが開戦せざるをえないように仕向けてくるかもしれません。これはタイやインドシナへの侵攻を隠蔽《いんぺい》するための心理戦ではないかとの見方もありましょうが、もしも日本海軍が全力で攻撃してきた場合、英海軍が太刀《たち》打《う》ちできる限界を超えてしまうことだけは、お知らせしておいたほうがよいでしょう。

また、今や日本は英米両国との戦争をも辞さないムードだと見る向きもあります。私自身、その可能性はだんぜん低いと考えますが、そうならないとは誰も断言できません。この危険回避のためには、英米両国との同時交戦の恐れがあることを、あなたから日本に気づかせていただくしかありません。もし日本が参戦してきて私どもだけで戦うようでしたら、取り返しがつかないことになるでしょう。[†14]

17日、重光日本大使は英外務省にバトラー政務次官を訪ねて、松岡外相からイーデン外相に宛てたメッセージをとどけた。その内容は、極東のイギリス領が攻撃されるという情報には何らの根拠もないこと、「平和を目指す日本としては世界全般で調停者になる用意がある」と、ヨーロッパで戦争中の英・独・伊間を仲裁することにふれていた。[†44]

24日、チャーチルと重光が、首相官邸の閣議室で対面していた。

葉巻《シガー》を口にしたチャーチルが「大使もいかがです？」と薦めたが、重光は「シガーはたしなみませんので」とことわった。チャーチルは「こちらならシガレットと変わりありませんよ」

と細巻きのシガーをケースから取り出した。「なるほどその通り」だったので、重光は「薦められるままに火をつけた」[†44]。

老政治家の熱涙

チャーチルは、「まず個人として関係した日英関係について、」と話をきりだし、日英同盟締結当時、駆け出し議員として賛成演説をしたこと、日露戦争での日本の勝利に対するイギリス国民の熱狂ぶり、第1次世界大戦における両国の協力について語った。

そういう歴史があるのに「最近の両国関係の悪化はじつに遺憾至極《いかんしごく》だ。もし両国が衝突するようなこととなれば、まさに世界の悲劇である」。

また、「ナチスの非人道的政治とはとても両立し得るものではない。もし今、ナチスの政策に妥協するくらいなら英国はむしろ滅んだほうがよい」と言うチャーチルの両眼がみるみる潤《うる》みだして、重光が度肝《どぎも》を抜かれたことに、チャーチルは「実際に熱涙《ねつるい》を流した。老政治家の白い顔が、折から窓から射し入った日ざしで光を放っているように見えた」。

さらに「イーデン外相が留守であるから松岡外相へのメッセージは私からお伝えすることにしました」とつづけた。

まず、松岡による英独調停構想について、「ナチスドイツとは領土や通商、資源獲得のためではなく、人類の未来のために」戦っているのだから、「妥協して和平を求める余地はありません」と峻拒《しゅんきょ》した。

そして、「三国同盟は日本にとって重大な判断ミスでしょう。対米関係を決定的に悪化させ、英米両国をいっそう緊密にさせてしまいました」とも言った。

重光は、「松岡外相の仲裁云々《うんぬん》は同外相の平和愛好の信念を述べ」たまでのことで、「ヨーロッパ戦争に対して仲裁を申し出たわけではない。英国の戦争決意について日本としてなんら誤解していることはない。日本が英国に対してことを構えようとすることがないのは松岡外相のメッセージでじゅうぶん承知していただきたい」と応じるなど、会談はかなりの時間におよんだのだった。

別れぎわに重光が、「今日のように腹蔵《ふくぞう》なく意見を交換する機会」がほしいと言うと、チャーチルは、《いつでも喜んでお会いする》と返して「閣議室のドアを自分で開いて私を送り出してくれた」。

3月4日、重光は、ふたたび首相官邸を訪れ、松岡から「至急のメッセージ」が送られてきたと言って、それをチャーチルに手渡した。

松岡は、「英国の戦争遂行の決意を了承し、英独間の仲裁云々についてはこれをする意志はないことを明らかに」していた。三国同盟では、「日本は締約国として条約に忠実であるのは当然」である。「しかしこの条約の基本精神は平和であって戦争ではない」と述べ、日本は、前回のメッセージにある通り「なんら英国に対して攻撃的意図はない」。さらに「日英衝突のようなことにはならぬよう熱望するものである」とむすんでいた。[†44]

松岡が「至急のメッセージ」というほどの内容ではなかった。じつは、松岡が最初に「英独間の仲裁云々」をもちだしたときに、ドイツが猛反発していたという事情があった。そのドイツを主な訪問先とする松岡の訪欧スケジュールが間近にせまっていて、松岡としては「仲裁云々」の前言を引っ込めておかなければ具合が悪かったのである。

３月７日、アメリカ議会上院が武器貸与法《レンドリース》を60対31で可決。

「日独伊ソ四国協商」構想

松岡外相はヨーロッパ訪問旅行のため、１９４１年［昭和16年］３月12日、東京を出発した。往路復路ともにモスクワ経由でベルリンとローマへ赴き、スターリン、ヒトラー、ムッソリーニの順に独裁者３人と会談する予定であった。

目的は、日独伊３国の同盟関係を内外にアピールすることであり、より具体的には、ドイツの英本土上陸作戦がいつ実行されるかをヨーロッパで探るいっぽう、ドイツの仲介によりソ連との国交調整を果たすことだった。

１９３９年［昭和14年］５月から８月にかけて、満洲国と外蒙古《そともうこ》（現モンゴル）の境界をめぐる紛争で日ソ両国軍が交戦し日本軍が大敗した、ノモンハン事件の停戦協定は成立したものの、日ソ関係は相変わらずぎくしゃくしていた。

オホーツク海漁業やソ連領北樺太《カラフト》（現サハリン北部）で日本がもっていた石油利権などをめぐり、松岡の前任・有田八郎外相が交渉にあたってきたが、「国交正常化」にまではいたっていなかった。

その後、三国同盟条約の交渉中に松岡がシュターマー特使を通じて、独ソ不可侵条約のあるドイツによる日ソ調停の可能性を打診したところ、リッベントロップ外相から「調停可」との返事があった。

松岡は、「三国同盟が成立し、日ソ国交調整に乗り出してから、適当の機会を見計らって自分でアメリカへ渡り、ルーズヴェルト大統領やハル国務長官との直接談判によって、日米関係を改善」するつもりであった。[†50]

日ソ関係は、単なる国交調整にとどまらず、一挙に不可侵条約までもっていく、さらに独伊にはかり、三国同盟にソ連もくわえて、「日独伊ソ四国協商」をむすび、そのうえで対米交渉をおこなう……。

《松岡構想》は、ふくらむいっぽうだった。

3月23日にシベリア鉄道の列車からモスクワのヤロースラヴ駅に降りたった松岡は、スターリン首相、ヴャチェスラフ・モロトフ外相と会談した。

その間、松岡のもとには各国大公使の来訪がつづき、「とくに注目をひいたのは、アメリカのスタインハート大使との一時間におよぶ会談であった」し、復路も含めて三度もスタインハートに会い、ルーズヴェルト大統領へのメッセージを託していた。[†49]

さらに松岡は、ロンドンの重光駐英大使に対して、「中立国におけるミーティングの設定」を指示する電報を打った。

対英政策で上申したいことが多々あった重光に異存はなかった。ただし、交戦中の任地をはなれて出国するには任地国外務省の了解がなければならない。だいいち、すぐに利用できる渡航手段の用意がない。

そこでバトラー外務政務次官に協議をもちかけたところ、バトラーは、いっさいを了承したばかりか中立国スイスに向かうフライトのアレンジまで申し出てくれた。そのようにことがはこんだのは、松岡の日本出発以来、その訪欧を注視しつづけていたチャーチルじきじきの「お声がかり」があったからだ。[†44]

チャーチルは、「松岡が大陸に呼んでいた日本大使を利用して、かれの長官に若干の対抗考察《カウンターコンシダレーションズ》を伝えることにした。もしかれ（重光）が英米に敵意をもち、我々に対する戦争のために努力していたとすれば、非常に巧みな詐欺漢だったにちがいない」だろうが、重光は「私の書簡を伝達する仕事を丁重な態度で承諾した」[†25]。

3月31日、チャーチルが閣議にはかり、「松岡氏を訪問する目的での重光氏の出国、および首相から松岡氏宛密封書簡の内容」について承認された[†2]。

このころすでに、チャーチルに毎朝届けられる施錠された「淡黄色の函」には、傍受、解読された重光の日本外務省宛電信が入っていた。

重光が「イギリスの戦争努力とヨーロッパ情勢に関して適切な理解を示していること、日本がドイツ側に立って参戦することはあまりにも無謀だと考えていたこと[†52]」をイギリス側は知っていたのである。

ところが、ベルリン入りしてヒトラー、リッベントロップと会談し、ローマにムッソリーニを訪ねまたベルリンに戻った松岡は、モスクワへの帰途を急ぐあまり「中立国などへ立ち寄っている暇はない」と、重光に言ってきた。そして「英国と交戦中の敵国の首都ベルリンに来る」よう重光に指示した。

重光は「この非常識の勧説《かんぜい》は断然拒絶する」決意をし、旅行中止を英国側に申し入れた。[44]英外務省は、チャーチルの書簡をモスクワで直接松岡に手渡しできるように、駐ソ連イギリス大使スタフォード・クリップスに宛てて打電した。

ヒトラーの日本不信

3月27、28、29日の三度におよんだ日独会談で、ヒトラーは、対英戦ではドイツがだんぜん優位な戦況にあると力説し、日本がイギリスを攻撃する好機である、と繰り返した。しかし、日本側がもっとも知りたかった「ドイツが今なお英国に上陸を決行する意図をもっているかどうかについて、松岡は明瞭な答えを得る」ことができなかった。

また、リッベントロップは「貴下には内密で告げるが、」と言ってつぎのように述べた。「〔対ソ関係は〕勿論《もちろん》正常ではあるが、甚《はなは》だ親密というわけではない」。モロトフ・ソ連外相が訪問してきたときに「三国同盟への加盟」をもちかけたけれど、報告をうけたスターリンが、いったんオーケーを出したものの、あとから《ドイツ軍のフィンランド撤退》、《トルコ・ボスポラス海峡のソ連海軍基地》など、ドイツが「受諾不可能な条件」を出してきて、ヒトラーを激怒させた。[25]

こうして《ドイツによる日ソ間の調停》も、うやむやのうちに霧散していった。

じつは、松岡の訪独出発１週間前の３月５日、ヒトラーは「日本との協力に関する指令」を発していた。それは、「出来る限り早く日本を極東において現実の軍事行動に引込むこと。対ソ攻撃〔バルバロッサ〕作戦計画に関しては日本に対し何らの暗示も与えられてはならぬ」と厳命してあった。

バルバロッサ作戦について日本に感づかせるなという命令にエルンスト・ヴァイツゼッカー外務次官らが異議をさしはさむと、ヒトラーは、日本がソ連あるいは英米との取引に利用するかも知れず、「日本は信頼すべき相手方とみなさるべきではない」としりぞけていた。

ヒトラー指令中にある「日本を極東において現実の軍事行動に引込むこと」とは、日本軍によるシンガポール攻撃をさしている。ヒトラーは松岡との会談でもこのことにふれている。松岡は、「日本は虎穴《こけつ》に入って虎児《こじ》を得るを要するであろう」と返したのだが、ヒトラーは真に受けていただろうか。[†51]

そのような松岡外相に対して、大島浩《おおしまひろし》駐独大使は、最近の独ソ関係になにか異変が生じようとしているのではないかと不安を覚えていた。大島は、陸相もつとめた大島健一《けんいち》陸軍中将の長男。幼少期には在日ドイツ人家庭に預けられてドイツ語教育をうけていたから、なに不自由なく会話ができ、駐独陸軍武官時代からヒトラー、リッベントロップとの親密な関係を自負する。

大島は、日ソ交渉のためモスクワへ向かう松岡を、ドイツとソ連がポーランドを分割してさ

だめた独ソ新国境まで追いかけて、「独ソ開戦の可能性が強いから、日ソ不可侵条約はむすばないように」と進言した。[†49]

実際には、ドイツによって三国同盟への加入を強制されたユーゴスラヴィアで反ナチス・クーデターが発生（3月26日）、ユーゴの新政権はソ連と不可侵条約をむすび、それに激昂したヒトラーがユーゴ進撃を命令（4月6日）していた。「ドイツ軍がなだれをうって」ユーゴへ侵攻したのは、「松岡外相一行がちょうどポーランドに画された独ソ新国境を通過した日でもあった」。[†49]

そして、モスクワでは「チャーチル書簡」が、先まわりして松岡を待っていた。

ウィンストン・S・チャーチルより松岡洋右氏へ

1941年4月2日

この際、日本帝国政府と日本国民の皆さんが、もっと注目してもおかしくない問題点をいくつか並べさせてもらいます。

I　制海権も制空権もないドイツが、今年の夏または秋までにイギリスへ侵攻し征服することができるのでしょうか。ドイツは実際にトライするでしょうか。こういった見通しがつくまで待ったほうが日本の利益になりませんか。

Ⅱ　英米両国が全産業を戦争目的にシフトさせるなかで、イギリス船によるアメリカの援助物資の海上輸送をストップできるほど強力な攻撃力が、ドイツにはありますか。

Ⅲ　日本の三国同盟加入によって、アメリカが参戦する可能性は高まりましたか、それとも低下したでしょうか。

Ⅳ　アメリカが英国側、日本が枢軸国側で参戦した場合ですが、英語２ヵ国連合は優勢な海軍力によってヨーロッパの枢軸国と決着をつけてから、日本に対して総力をぶつける可能性があるのではないでしょうか。

Ⅴ　イタリアはドイツにとって頼りになるパートナーですか、それともお荷物ですか。イタリア海軍の実戦力は、名目戦力ほどにととのっていますか。また、その名目戦力ですが、過去の戦力より劣っているようなことはありませんか。

Ⅵ　イギリス空軍は１９４１年中に増強され、１９４２年いっぱいにはドイツ空軍より、はるかに強大になっていませんか。

Ⅶ　ドイツ陸軍と秘密警察（ゲシュタポ）に服従させられている諸国は、やがてドイツが好きになるものなのでしょうか。

Ⅷ　１９４１年中には、アメリカの鉄鋼生産高が７千５百万トン、イギリスは１千２百万トン、両国をあわせると約９千万トンになるのではありませんか。第１次世界大戦のように、もしもドイツが敗戦するような場合、日本の鉄鋼生産７百万トンでは単独で戦争をつづけるのは無理なのじゃないでしょうか。

以上の問題点を解消できれば、日本は悲劇的な結末を迎えないですむでしょうし、日本と欧米の二大海軍国との関係はいっそう前進することでしょう。[†14]

日ソ中立条約の舞台裏

ベルリンからモスクワに到着した松岡外相を迎えた西春彦《にしはるひこ》駐ソ公使（戦後の駐英大使）によれば、松岡は「ドイツは対ソ攻撃をやるだろうかと私たちにも質問し、この点をしきりに気にしている模様であった」。[†49]
4月7日に松岡・モロトフ会談。
「国交調整」交渉の日本側の主張に対して、当時日本領だった、南樺太（現サハリン南部）と千《ち》島《しま》列島（クリル列島）の領土権をソ連が放棄する「不可侵条約」には応じられない、ソ連にとって失地回復の余地をのこす「中立条約」でどうだ、とモロトフはゆずらなかった。
第2回会談で松岡が「不可侵条約を撤回して、中立条約への同意まで一歩退《しりぞ》いていた。ただしその中立条約は無条件でなければならない」と主張したのに対して、モロトフは「相変らず無表情に自説を固執して、北樺太利権の解消」を要求した。[†49]
いったんモスクワを離れ、1日をレニングラード（現サンクトペテルブルク）観光に費やした松岡一行がモスクワへ帰ってからの第3回会談でも、交渉はまとまらなかった。そして、松岡が条約交渉をほとんど断念しかけていたときに、スターリンが直《じか》に電話をよこし、みずから交渉に乗り出してきた。結果は、「北樺太利権の解消に努力する」ことで決着しようというスターリン提案に松岡が応じた。

こうして日ソ中立条約は、1941年4月13日午後2時ごろ、クレムリン宮の執務室でスターリンが見守るなか、松岡、建川美次《たてかわよしつぐ》駐ソ大使、モロトフの3人によって調印された。

そのあと隣室に移動してシャンパンが抜かれ「まずスターリンが、天皇陛下のために乾杯しますと言って一同の度肝を抜いた」。

いったん日本大使公邸に戻り「ここで内輪の祝宴を張った」松岡一行は、午後5時前にヤロースラヴ停車場に着いた。在モスクワの各国外交団が見送りに来ていて、「プラットフォームで挨拶《あいさつ》などしていると、スターリンとモロトフらが駅に入ってくる」のが遠くに見えた。

西公使は想定外の成り行きにびっくりして、松岡らにそれを知らせようとしたが、「外相も大使もヨッパラっていて、酔顔朦朧《すいがんもうろう》容易に通じない」。なんども声をかけ「胸ぐらをつかみなどして」やっと気がつかせた。スターリンとモロトフも「クレムリンで大分きこしめしてきたらしく、プラットフォームに着くや、松岡、建川両氏らと抱合って、首のところでひげ面《づら》のキス」を交《か》わしていた。[†49]

ひきつづき松岡の動向に注目していたチャーチルは、のちにこの「駅頭シーン」を回想録に書く。

外交団のなかに、フリードリヒ・シューレンブルク独大使を見つけたスターリンが、歩みよってその肩をかかえ「我々はいつまでも友でなくてはならぬ。貴下《きか》は今そのために全力をつくさねばならぬ」と言った。

「こうした抱擁はそらぞらしい見せかけであった。スターリンは自国の情報機関によって、現にソ連国境全線にわたってドイツ軍が大規模に展開されていたことを知っていたに違いない。その展開は英国情報機関の目にもつき始めていた」のだから。

いっぽう、松岡については「松岡氏はモスクワ滞在中に私の手紙を受取り、シベリア横断列車で帰国の途中、内容空疎《ないようくうそ》な返書を認《したた》めて、東京に着くとともに発送した」[†25]。

松岡氏よりウィンストン・チャーチル氏に

1941年4月22日

モスクワで、サー・スタフォード・クリップスから、4月2日付け貴書簡のコピーを受け取りました。私どもの大使が私との打ち合わせのためヨーロッパ大陸へ渡航しようとした際に貴国政府がお示しくださった配慮には心より感謝いたします。

わが国の外交政策は、事実関係のすべてを公平に評価し、直面する諸情勢を注意ぶかく検討したうえで、常に、征服も抑圧も剝奪もない世界平和を目指して、私どもが八紘一宇《はっこういちう》[注17]と呼ぶ民族的精神にもとづき決定されますことを、ご賢察《けんさつ》いただけると思います。

いったん外交政策が決まりましたならば、情勢の変化をつぶさに考慮しつつ、慎重のうえに慎重をかさね、しかし断固として、実行するのは申すまでもありません。[†53]

ヒトラーが地獄に侵攻するなら

１９４１年５月22日。それまでドイツ北部のバルト海にひそんでいたドイツ海軍の最新鋭戦艦ビスマルクが大西洋へ出撃してきた。英側ではその１月に就役したばかりの戦艦プリンス・オブ・ウェールズが迎え撃つことになる。

英戦艦の艦名「プリンス・オブ・ウェールズ（ウェールズ大公）」は、遠く14世紀からつづく英国皇太子（王位継承序列第１位の男子）の称号。

でも、どの代の皇太子なのか？

現国王ジョージ６世の王位継承第１位は、まだ15歳のエリザベス王女（のちのエリザベス２世女王）だから、この艦名は、現国王の皇太子とはむすびつかない。

じつは、プリンス艦は《キング・ジョージ５世級》戦艦シリーズの２番艦だった。

１番艦は《キング・ジョージ５世（ジョージ６世の父）》艦（１９４０年12月就役）。２番艦が

注17　当時の日本のスローガン。「全世界はひとつの家」という意味。

《プリンス・オブ・ウェールズ》艦（１９４１年１月就役）、３番艦は《デューク・オブ・ヨーク（ヨーク公爵）》艦（１９４１年11月就役）。

英国海軍の慣《なら》わしでは、新しく即位した国王の名が戦艦につけられることになっていた。この戦艦シリーズの建造開始は１９３７年。したがって、その前年12月即位の《キング・ジョージ６世》艦となるはずであった。

しかし、父王ジョージ５世の逝去、「王冠をかけた恋」の兄王エドワード８世の即位と退位、そしてみずからの即位と、なんともめまぐるしい１年を経験したジョージ６世は、新戦艦名については父王の名前にこだわり、ロンドン軍縮条約により１９２６年に除籍されていた《キング・ジョージ５世》艦を復活させたい、とつよく希望した。

それで１番艦から順に、父・国王（ジョージ５世）、兄・皇太子（エドワード８世）、弟・ヨーク公爵（ジョージ６世）が艦名となった。

北アフリカ・リビアでは英軍が《砂漠のキツネ》エルヴィン・ロンメルの戦車部隊にいいように翻弄され、ギリシアでもドイツ軍の攻勢をうけて英軍の敗色が濃厚、空爆による火災で下院議場の屋根が炎上するなど、このところ心穏やかじゃない日々を過ごしていたチャーチルは、プリンス・オブ・ウェールズ艦に期待をかけた。

５月24日、グリーンランドとアイスランドの間にあるデンマーク海峡から南下してきたドイツ艦隊と、それを発見したイギリス艦隊との砲撃戦の出鼻で、独艦ビスマルクの砲弾が英艦フッドに命中し撃沈。

プリンス・オブ・ウェールズ艦の砲弾は、ビスマルク艦の燃料タンクとボイラー室に命中したものの、プリンス艦自体もブリッジ（操舵艦橋）に直撃弾をうけた。砲撃戦のあと、英艦隊は、逃走するビスマルク艦の追尾にうつったが、そのなかにプリンス艦の姿はなかった。いち早く戦線を離脱し修理のため退却せねばならなかったのだ。

５月27日、ギリシア・クレタ島からイギリス軍が撤退。大西洋上では、いったんは見失ってしまっていたビスマルク艦を、英艦隊が捕捉し交戦のうえ撃沈。

下院でチャーチルがクレタ島撤退について説明しているところへ、「ビスマルク撃沈」の知らせがメモ書きでとどけられ、チャーチルはただちにそれを読みあげた。

とたん、ヤジに痛撃された。

「そんなことで連戦連敗が帳消しになるものか！」と。

６月11日、事務連絡を口実に一時帰国を願い出ていた重光大使が、離任のあいさつのために首相官邸を訪れた。チャーチルは、「シベリア経由で行かれるつもりだろうか。もしそうならおそらく不可能になるだろう」と、独ソ関係の緊迫をほのめかした。

重光がアメリカ経由であるとこたえると、チャーチルは「御《ご》帰朝《きちょう》の上はさらに重要な地位につかれるとの報道を聞くがどうか御自愛を祈る。米国を経由されるというが、ルーズヴェルト大統領にも会われることと思う」と言った。[†44]

６月21日、首相別邸・チェカーズ。

チャーチル夫妻、ジョン・ワイナント駐英アメリカ大使（ジョセフ・ケネディ大使の後任）夫妻、イーデン外相夫妻のディナー。
チャーチルは「ドイツがソ連を攻撃することは確実であり、（そうとなれば）全力を挙げてソ連を支援してみせる」と言った。[†22]
英軍情報部からダイレクトに首相へあがってくる情報により、ドイツ軍がフランス、ドイツから東へ、ギリシア、ユーゴスラヴィアから北へ移動しつつあることを、チャーチルは承知していた。
6月12日には、ベルリン駐在の大島浩日本大使がヒトラーとの会見内容を東京へ送った暗号電報が、イギリス情報部によって解読され、チャーチルのもとにとどけられた。ヒトラーが「共産主義ソ連は抹殺されなければならない」といい、大島は「ドイツのソ連侵攻急迫！」と打電していた。[†35]
夕食後、首相とチェカーズの芝生を歩いた首相秘書官コルヴィルが、「あんなに反共主義・反ソ連だった首相が、あわてて転向してしまったというのですか」とたずねると、チャーチルはあっさり答えた。
「今は《打倒ヒトラー》しか考えていないね。**もしヒトラーが地獄に侵攻するようなら、とにかく、《ガンバレ、悪魔！》と下院で応援するまでだ**」[†53]Ⓖ。

世界じゅうを驚かせたチャーチル演説

それから数時間後の22日午前4時、ドイツ軍は、ほんとうにソ連を急襲した——1年10ヵ月におよぶ不可侵の盟約をやぶり、石油・鉄鉱石・食糧などの戦略物資の供給をソ連からうけていた《準同盟関係》を踏みにじって。

チャーチルからコルヴィルへは、「BBCへ電話をして」首相メッセージの放送時間枠を確保するよう指示が出て、チャーチルは、すぐさま原稿作成にとりかかり、その日の午後9時には、BBCラジオのマイクに向かっていた。

「過去25年間、私以上に一貫した反共主義者であった者はおりますまい。私は反共主義の信念にもとづいて述べた言葉を一言《いちごん》たりとも取り消す意図を持ってはおりません」[†54]としたうえでドイツの侵攻による事態に思いをはせる。

「私は見ます。ロシアの兵士が古き昔より父祖の開拓した祖国を守るために、門の前に立ちはだかるのを。私には見えます。幾万のロシアの村々や不毛の野が、暮らしはつらいものであろうとも素朴な人びとの楽しみに満ち、乙女は笑い、子ども達は駆け回るあの野を。

我々にはただひとつの不変の目的しかありません。すなわちヒトラーとナチズム体制を徹底的に破壊させることだけであります。ナチ世界に対して戦うあらゆる者、そして国家は我々からの援助を受けるでありましょう。ヒトラーと歩みを同じくする者ならびに国家は我々の敵と見做《みな》されましょう。したがって、我々はできうる限りの援助をロシアとロシアの民に与えたいと思います」[†54]

世界じゅうをびっくりさせたチャーチルだったが、《ロシア》と《ロシアの民》を強調するばかりで、ソヴィエト連邦の《ソ》の字にもふれようとはしなかった。

はたしてチャーチルの真意はどこにあるのだろうか？　敵の敵は味方という論理だけでソ連支援にはしるのだろうか？

また、チャーチルの反共・反ソを憎悪してきたソ連首相ヨシフ・スターリンは、いったい、どのような反応をしめすのだろうか？

それらの疑問については、いずれ明らかになってくるであろう。

いっぽうドイツは、リトアニア・ラトヴィア・エストニアのバルト３国からレニングラードを攻略する北方軍集団、首都モスクワを窺《うかが》う中央軍集団、ウクライナの奥深くまで侵入する南方軍集団の３ルートでソ連領内を進撃。

７月に入るとチャーチルは、二度にわたりスターリン宛てに親書を送った。

モスクワにあって、チャーチル＝スターリン間の英側チャンネルとなったクリップス駐ソ大使は、ウルトラ社会主義者の元労働党所属下院議員。急進左派にすぎて党を除名された。独ソによるポーランド分割占領以来、イギリスは前大使を帰国させたままであったが、チャーチルが首相になってからクリップスを新任の大使に起用してあった（クリップスはのちに労働党復党。１９４２年には、王璽尚書《おうじしょうしょ》で戦争内閣メンバー）。

７月14日、ドイツ北方軍の戦車がレニングラードまで130キロ地点に到達し、中央軍はモスクワ西南方のスモレンスクを制圧した。

はたして、ソ連はもちこたえられるのだろうか。

７月17日、ハリー・ホプキンズが、３月成立の武器貸与法にもとづき英空軍に引き渡される

Ｂ－17爆撃機20機のうちの１機に乗りこんでイギリスにやって来た。

同じ日に日本では、松岡洋右外相が近衛文麿内閣から放逐《ほうちく》された。

外相の訪欧中に首相みずからが乗り出していた対米交渉をめぐりふたりが対立し、第２次近衛内閣は総辞職。けれど近衛はすぐさま、松岡と《松岡派》の２閣僚をのぞいたほかの同じメンバーで、第３次近衛内閣を組閣したのだ。

その２日後、重光葵駐英大使が米国を経由し太平洋航路で横浜に帰着。

さらに数日後、英首相別邸・チェカーズのウィークエンド。

チャーチルとホプキンズが、海の向こうのルーズヴェルト大統領と連絡をとりながらつづけてきた協議がまとまり、スターリンに宛てたチャーチルのメッセージが打電された。


ウィンストンＳ・チャーチルよりＪ・Ｖ・スターリンへ

１９４１年７月28日

ここ数日私と協議をつづけている米大統領顧問ハリー・ホプキンズ氏が、自身のモスクワ訪問をルーズヴェルト大統領に上申しました。彼は大統領にもっとも近い存在であり、民主主義の実現とヒトラー打倒に燃えています。つい先日、私がライフル銃25万丁の援助要請をした際には、ただちに実行してくれました。

すでに大統領命令をうけとっているホプキンズ氏は、これから私どものもとを発ちます。彼は全面的に信頼できます。あなたと私どもの共通の友人として、ソ連が勝利に向かって長期の供給計画を進めるうえで、あなたを助力できるでしょう。政策、戦略そして対日本についてどうするかも心おきなく話せるのではないかと思います。[†14]

チャーチルがスターリンへ電報をおくった7月28日、日本軍が南部仏印に進駐。同日夕刻ホプキンズは、スコットランドのクロマティー湾を飛び立った英海軍PBY偵察爆撃飛行艇の後部銃座の機関銃手シートに、「ただひとりの乗客」として座っていた。独ソ両軍の戦闘が激しい戦場を避けるため、ノルウェー沖を北極圏まで北上してから東へ向かい、白海《はっかい》沿岸のアルハンゲリスク経由のルートでモスクワを目指す――悪天候による揺れと北極圏のもうれつな冷気に、24時間にわたり悩まされどおしの過酷なフライトになろうとは予期もせずに。[†55]

初対面のルーズヴェルトとチャーチル
本文141ページ参照

第4章

大統領という愛人

米大統領の「夏休み」

第2次世界大戦の開戦から、まもなく2年が過ぎようとしていた1941年［昭和16年］8月3日。マストにアメリカ大統領旗を掲げた専用クルーザー・ポトマック号が、コネティカット州ニューロンドンの海軍潜水艦基地から出航していった。

ドイツがソ連に侵攻して国際情勢の向かう先はいよいよわからなくなり、まだ参戦していない米国の動向を世界じゅうが注視するなか、フランクリン・ルーズヴェルト大統領（59歳）の「夏休み」である。

首都ワシントンから特別列車で随行してきたメディアは、「同行取材はここまで。海軍の作戦行動であり軍事機密にかかわってくるから、スケジュールは事前に公表しない」[†55]と告げられ、ドイツのUボートが到達可能な大西洋上での休暇であればやむをえまいと引きさがり、首都へと帰っていった。

ポトマック号の前身は合衆国沿岸警備隊の密輸監視パトロール艇。1936年に大統領特別室、ゲストキャビン、ダイニング、ラウンジなどの新設工事がほどこされたうえで海軍へ転籍となった。全長約20メートル、重量450トン、乗務する士官・兵員は50名。1本増設された煙突はじつはダミーで、内部は障害のある大統領を緊急時に車椅子ごと脱出させるエレベーターになっている。艦首と後部デッキには前年から、50口径機銃が装備された。

翌日、マサチューセッツ州サウスダートマスに姿をあらわしたポトマック号のクルージングには、ドイツに降伏したデンマークとノルウェーの亡命プリンセスたちが招待され、大統領が王女たちを歓待する一部始終が地元新聞のフロントページに載った。ワシントンでその記事をチェックしたジャーナリストは「作戦行動というわりには緊張感がなさ過ぎる。何かを隠しているにちがいない」と疑いだした。[†55]

しかし、すでに遅かった。米大西洋艦隊の重巡洋艦オーガスタ（9千50トン）が、夜間ひそかに大統領をピックアップし、駆逐艦5隻の護衛がついて北の海へと去ったあとだったのである。ポトマック号はその後もマサチューセッツ州沖でクルージングをつづけていた。――大統領旗をはためかせたままで。

北米大陸の最東北端に位置するニューファンドランド島は、面積が日本の本州のほぼ半分、北海道の約1・4倍で、世界で15番目に大きな島。1941年当時はイギリスの海外領――現在はカナダのニューファンドランド・ラブラドール州――であったが、「駆逐艦・基地協定」の成立で、米国が旧式駆逐艦50隻を英海軍に提供する見返りとして軍用地が貸しだされ、米軍による基地使用が始まっていた。

8月8日、ニューファンドランド島プラセンシア湾のアージェンシア米海軍基地に停泊するオーガスタ艦に、上官の命令を受けたエリオット・ルーズヴェルト陸軍大尉（大統領の三男・30歳）が出頭していくと、思いがけないことに、弟のフランクリン・ルーズヴェルト・ジュニア海軍少尉（25歳）がすでにそこにいて、ふたり一緒に大統領のところへ案内された。

びっくりしたエリオットは思わずたずねていた。
「父さん。こんなところで釣りでもしているのですか？」
「新聞社の連中はそう思っているだろうな。私はどこやらの湾でフィッシングを楽しんでいるらしい、とな！」と、大統領は声をたてて笑った。「じつは、英国のチャーチル首相がここへやって来るのだ。そこで、きみらにも手伝ってもらいたい」と言って合衆国陸海軍最高司令官（大統領にはアメリカ全軍の指揮権がある）付補佐官の飾り緒《モール》をふたりに手わたした。[†56]
8月9日午前9時、イギリス海軍の戦艦プリンス・オブ・ウェールズ（3万5千トン）が、駆逐艦3隻をしたがえてプラセンシア湾に入ってくると、米艦隊が停泊するすぐ近くに投錨《とうびょう》した。
2ヵ月前、ドイツ戦艦ビスマルクとの戦闘でこうむった艦橋部分の損傷は、急いで修復されていたものの外装のへこみ、砲弾片による亀裂、塗装の焦げ目など細部にまでは手がまわらず、もともと戦時迷彩《せんじめいさい》のせいでどす黒く見える艦体の印象は、いっそう不気味ですらあった。近くにいる米艦艇群は明るいグレー、ピカピカの平時塗装なのだから。
まもなく米海軍の連絡艇が横づけされ、スーツ姿のアメリカ人をピックアップすると艇首をめぐらせた。その人物をオーガスタ艦のメインデッキで待ちかまえていた大統領が、「やあ、ハリー、身体のほうは大丈夫だったかな」と声をかけると、「ご心配かけましたが、すっかりオーケーです。報告することがいっぱいありますよ」と笑顔をはじけさせた。[†55]
ハリー・ホプキンズ大統領顧問が、チャーチルといっしょにプリンス・オブ・ウェールズに乗艦して、ルーズヴェルトのもとへ帰ってきたのである。

英海軍の偵察爆撃飛行艇で英国スコットランドから北極圏を迂回《うかい》するルートでモスクワを目指す強行フライトのせいで、ホプキンズが完全に体調をくずしたことをルーズヴェルトは気づかっていたのだった。

滞英中のホプキンズが、独ソ開戦以来、一方的に攻めこまれているソ連に「急いで出発したのは、ソ連の抗戦能力に関する情報を得るため」[†54]だった。

今、英米側がおそれているのは、あっさり後退しつづけるソ連がドイツに降伏してしまうこと――第1次大戦末期の1918年3月、共産主義政権を成立させたばかりのロシアがドイツと単独和平をし、戦線を離脱したブレストリトフスク条約の二の舞だけは避けたい。1941年の今だって、ソ連が片づいてしまったならば、ドイツがふたたび英本土を狙ってくるのは目に見えていたのだから。

独裁者《スターリン》の本音

7月30日、ソ連邦の首都モスクワ。アメリカ大使館。

ホプキンズが、ソ連はどうなっているか？　とたずねると、「共産党の秘密主義が徹底していて、情報がさっぱりとれません」とローレンス・スタインハート大使。

「じゃあ私が、そこに風穴をあけるさ」とホプキンズ。

けれど、独裁者スターリンが、どこまで内心を明かすだろうか。

遠くから爆音が聞こえてきて、ふたりが大使館のバルコニーに出ると、夜空にドイツ軍爆撃機の機影があった。すでに7回目となるモスクワ空襲だった。[†55]

翌日、ソヴィエト政治の聖域・クレムリン宮の執務室。

ソヴィエト共産党書記長兼ソ連邦首相スターリンは、よくしゃべった。

スターリンは、「ドイツとの戦争に予想外に楽観的」だった。抗戦能力については、赤軍《せきぐん》(ソ連軍)の現有兵力を説明し、「月に戦車1千台、航空機800機を生産」できると言った。そして、航空機製造に必要なアルミニウムの供給をじゅうぶんに受けられるなら「3年ないし4年の抗戦を継続できる」とも。

この日は3時間、翌日もう一度スターリンと会談した結果、「彼の戦争指導能力ならびに赤軍の抗戦力を高く評価」したホプキンズは、ソ連があっさり手を挙げてしまうようなことにはならないだろうと予測した。

モロトフ外相とは、おもに日本をめぐって意見交換をした。

ホプキンズが、「北太平洋の安全保障に不安要素がある。日本がシベリアを狙わないか心配」と水をむけると、モロトフは、「わが国と日本の関係は、松岡外相を追放した日本の政変(7月17日の第3次近衛内閣発足)以来不安定だ。日ソ中立条約だってどうなるかわからない」といい、すでにどこかで聞き覚えのある話題をもちだした。

「アメリカが警告を出せば、日本に対する抑止力になるだろう」と。

スターリンはスターリンで、二度目の会談がおわるころボソッと洩らした。

「ヒトラーをやっつけてしまうには、米国に参戦願いたい」[†54]

8月1日、モスクワを発ったホプキンズを、北極圏間近のアルハンゲリスクで、英海軍飛行艇クルーが待ちうけていた。だが、荒天を理由にパイロットは「出発は翌日まで見合わせてもらいたい」と要望した。けれども、ホプキンズは頑としてゆずらない――ここで足止めをくっては、戦艦プリンス・オブ・ウェールズでニューファンドランドへ向かうチャーチル一行と合流できなくなるのだから。

8月3日、病身を苛《さいな》む過酷な訪ソ旅行でくたくたに消耗しきったホプキンズが、スコットランド・スカパフロウ海軍基地のプリンス艦までたどりついた。スターリンから「アメリカ大統領とイギリス首相へのみやげに」と託されたキャビアとウォトカがどっさりの積み荷とともに。

8月9日午前11時、アージェンシア米海軍基地の重巡洋艦オーガスタ。

ルーズヴェルト大統領が、ライトブラウンの夏用パームビーチスーツと中折れ帽姿で艦上に立ち、米陸軍の正装をした息子のエリオットが脇からささえる。38歳のときにかかったポリオが原因で不自由になった大統領の両足は、ズボンの下でジュラルミン製装具によって固定されていた。

そこへ、ダークブルーのネーヴィースーツにボータイ着用、艦艇キャップを目深《まぶか》にかぶり礼装手袋《ドレスグローブ》を左手にもつ、ウィンストン・チャーチル英首相(66歳)が歩みよった。

握手の右手をさしだした首相が「やっとお目にかかれて光栄です」と言うと、大統領は「以前にもお会いしています」と、一瞬、するどく微苦笑した。

チャーチルはすっかり忘れてしまっていたのだ。[57]

「なんと無礼な！」

それは第1次世界大戦が大詰めをむかえていた1918年7月のこと。

アメリカがヨーロッパに派遣した軍事視察団のレセプションがおこなわれていたロンドンのグレイズ法曹会館ホール。

米側代表者格のフランクリン・ルーズヴェルト海軍省政務次官（当時36歳）は、剛腕とスピーチ巧者ぶりで、アメリカでもなにかと話題にのぼるチャーチル軍需相（当時43歳）に注目していた。ところが、「なかなか参戦してこなかったアメリカを見くだすかのように尊大で指図がましい」[56]チャーチルのスピーチに、ルーズヴェルトは苛々《いらいら》させられていた。そのうえ、つぎの予定があるからと言って、ルーズヴェルトに挨拶をすることなく会場を立ち去ってしまう。

「なんと無礼な！」と米海軍次官は、目に怒りをこめた。

そもそもアメリカとイギリスとは、《よじれた関係》である。

アメリカ独立革命（1775～83年）を戦い、大英帝国の植民地からの独立は果たしたが、米国が経済的自立を遂げていくのは、「第2次独立戦争」とも言われる米英戦争（1812～14年）のあとだ。英植民地カナダを奪おうとしてアメリカが仕掛けたこの戦争では逆に、首都ワシントンが陥落するさなか大統領官邸が炎上してしまった。

戦後、黒こげの官邸を修復するために、白ペンキ塗装をほどこしたのが、そもそも「ホワイトハウス」の由来。

アメリカは、二度におよんだ20世紀の世界大戦のいずれでも、あとから連合国側に参戦した。第1次世界大戦では開戦から2年以上にわたり中立国として、イギリス・フランス・ロシアの連合国とドイツ・オーストリア・トルコの同盟国側の両方に軍需物資を供給するいっぽう、戦いに疲弊した両陣営の和平交渉を仲立ちしようとしていた。

中立はアメリカにとってメリットがあった。開戦時に相当額あった債務を1年後には完済したばかりか、それまでの債務国が債権国へと転換できたのだ。

結局、アメリカは、第1次世界大戦に総兵力210万人を派遣し、そのうち13万人が戦死した。戦後の米国内では、英国によって戦争に引きずりこまれたとの思いが根づよくあり、反英感情すら助長された。初の米英首脳会談にのぞむルーズヴェルトのうしろで、そんな余燼《よじん》がくすぶっていたのは確かだ。

両首脳とも「セレブ」の出だった。

チャーチルが公爵の孫であれば、ルーズヴェルトも名門――オランダ系移民でニューヨーク州の大地主――に生まれた。一族からはすでにアメリカ合衆国大統領が出ていた。

セオドア・ルーズヴェルト（第26代、１９０１～０９年在任）である。

フランクリンは当時の米富裕層でよくあったように、14歳までは学校に通わず家庭教師によって教育された。そして、グロトン校、ハーヴァード大、コロンビア大法科大学院《ロウスクール》を経て弁護士になった。

28歳でニューヨーク州上院議員。１９１３年から20年まで、ウッドロウ・ウィルソン大統領のもとで海軍次官をつとめた。１９２０年大統領選挙に、ジェームズ・コックス（民主党・オハイオ州知事）と組んだ副大統領候補として出馬したが、ウォーレン・ハーディングとカルヴィン・クーリッジの共和党コンビに大敗。その翌年襲われた病魔と闘い、懸命なリハビリのすえ、１９２８年にニューヨーク州知事に当選。

１９２９年には講演で全米各地をまわっていたチャーチルから、「お会いできませんでしょうか」と言ってきたが、そのときは両者の日程があわず会見は実現しなかった。

１９３２年大統領選には、大恐慌に見舞われたアメリカを再生させる経済政策「ニューディール」を掲げて挑み、現職のハーバート・フーヴァー（共和党）を破って大統領に当選した。

１９３３年、チャーチルが自分の先祖ジョン・チャーチル（１６５０年～１７２２年）の生涯を描いた『初代マールバラ公爵伝』[†58]の著者サイン本がルーズヴェルトに送られてきた。

〝愛人〟の気まぐれ

第2次世界大戦中のチャーチルとルーズヴェルトによる首脳外交はさまざまな形でおこなわれた。会談は、ニューファンドランドのあと、ワシントン、カサブランカ、カイロ、テヘラン、ヤルタにおいてつづけられた。

暗号化され外交電信で交わされた《手紙》が6年間で約１５００通。大西洋をはさんだ緊急の電話会談では盗聴防止のスクランブル装置がないことに気がつかないまましゃべりつづける場面もあった。ともに英語を母語とする互いの国民向けにラジオスピーチを活用した。アメリカからの電波を国営のBBCが放送する際に米国のCMがそのままオンエアされたことも。

第1次世界大戦後のアメリカは、ウィルソン大統領が新たな国際秩序形成を推進したにもかかわらず、議会上院の反対多数でヴェルサイユ平和条約を批准できず――ドイツとは1921年に単独講和――、国際連盟にも加盟していない。「ヨーロッパ問題」には関与すべきでないという「孤立主義」が強まっていたのだ――もっとも大恐慌の克服に取り組み、いまだ道なかばのルーズヴェルトにはそんな余裕もなかったが。

チャーチルは、ルーズヴェルトと深くかかわった6年間について後年こう言っている。

「若い娘に熱をあげる男みたいになって、私はルーズヴェルト大統領をくどいた」[†59] Ⓗ

また**「私はルーズヴェルト大統領という愛人の気まぐれを研究しつくした」**[†57] Ⓘとも。

ところが、先に行動を起こしたのはルーズヴェルトのほうだ。彼には、慣例や形式にこだわらない《ルーズヴェルト流》があった。

1939年［昭和14年］9月、第2次世界大戦が勃発し、チャーチルが海相として内閣に復帰したことを知ると「第1次大戦中に海軍にかかわった者同士で、個人的なコンタクトをもちたい」という手紙を送った。

「一国の元首が他国の一閣僚に《ペンフレンド外交》をもちかけるなど本来ありえないこと」。

しかも「個人的」また「非公式」といいながら、「あなたや首相の関心事は何であれお聞かせください。封印郵袋《ゆうたい》（暗号化された外交電信）で連絡をとりあいましょう」[†14]と、ネヴィル・チェンバレン首相をまきこむことまで示唆していた。

チャーチルが、ルーズヴェルトの申し入れをうけたいと話すと、チェンバレン首相、ハリファックス外相ともに異存はなかった。

1940年5月、チャーチルは「首相に就任しましたが、元海軍関係者の《文通》は、このままつづけない手はないと思います」と、電信を送った。

マジック情報

1941年［昭和16年］7月8日。米国・ワシントンDC。

コードネームが《マジック》という極秘情報が、ホワイトハウスに送られてきた。その年のはじめごろに日本外務省の暗号解読に成功した米陸軍情報部が、「大統領・国務長官限り」で届けてくるようになったトップシークレット。

その《マジック情報》は告げていた。

日本は7月2日の御前会議で、「大東亜共栄圏の確立と南方進出を決定。日米交渉はつづけるが、交渉決裂の場合はイギリスおよびアメリカとの戦争の準備を進める」と。[†53]

すでに前年フランス領インドシナ北部（現ヴェトナム北部・ラオス）に進駐している日本軍の「南方進出」のターゲットはどこなのか？

インドシナ南部（現ヴェトナム南部・カンボジア）を経てタイなのか、あるいは英領マレー・シンガポール、それともオランダ領インド（現インドネシア）方面か？

7月10日。ワシントン・アメリカ国務省。

ルーズヴェルト大統領の指示をうけたサムナー・ウェルズ国務次官が、ハリファックス駐米イギリス大使に、「日本が、支配地域をさらに広げようとしている軍事行動には、経済制裁で対抗する。どのような制裁に出るかについては至急イギリス側と協議をしたい」と告げた。†55

《マジック情報》が告げている「日米交渉」とは、コーデル・ハル国務長官と、その2月に着任した野村吉三郎《のむらきちさぶろう》駐アメリカ日本大使とにより、4月以来つづけられてきた会談。

野村は63歳の元海軍大将《アドミラル》だが、阿部信行首相（予備役《よびえき》陸軍大将）のもとで外相をつとめた。

元外相の駐米大使への起用は、日米関係のデッドロック打開をはかろうとする近衛内閣による特例人事だった。

野村は、第1次世界大戦中の在米日本大使館付海軍武官であり、当時海軍次官のルーズヴェルト大統領とは旧知の間柄にあった。ふたりの交友は1915年1月、野村のワシントン着任時に始まり、「メトロポリタン倶楽部（1863年創立の名門社交クラブ）で会ったり、あるいはまたN街《ストリート注18》にある彼の質素な宅をも訪問して彼の人となりを承知しておったが、じつに天空海闊《てんくうかいかつ》、言語すこぶる明晰《めいせき》、融通無礙《ゆうずうむげ》の性格のように見受けられ、また事実そうであった」。

ルーズヴェルトも、新任の野村大使について記者会見できかれて、「アドミラル野村は私の旧友（old personal friend）」とこたえていた。†60

注18　ワシントンの東西に通うストリートはA～Zのアルファベット一文字で表記されている。

野村はまた、日本海軍第3艦隊司令長官だった1932年の上海事変のときに、当時駐中国公使の重光葵駐英大使とともに、天長節《てんちょうせつ》（天皇誕生日）の祝賀会場で爆弾テロに遭《あ》い右目を失明していたため「隻眼《せきがん》アドミラル」と呼びならわされてきた。義足とステッキの重光と義眼の野村とは、今度は、重要な使命をおびて大西洋の両岸に送りこまれた「大使同士」になっていた。

ふたりの日本大使

6月のロンドンでは、離任する重光が、チャーチルをはじめとする関係者に別れを告げにまわっていた。その際、ある英国政府高官から、英米と日本の関係について「アメリカでは日米交渉が始まっているようである。ついては貴大使も帰途ワシントンに立ち寄られたらどうでしょう」[†61]と勧められて重光は内心おだやかではなかった。大使である自分が東京から知らされていなかったことまで、外国政府の高官の口から聞かされたわけだから。

重光は6月16日にロンドンを発ち、ドイツによるソ連領への侵攻は、大西洋横断の船便を待っていたポルトガル・リスボンで知った。

そして7月1日にニューヨーク経由でワシントン入りした重光は、到着した「その瞬間から野村大使の虜《とりこ》となった」[†61]。

外相を経験した年長者でもある野村が、うだるような暑さの首都の大使公邸に、外交キャリアでは自分よりまさる重光を「カンヅメ」にし、日米交渉の経過を文書や電報でしめしながら細部にわたり意見を求めた。

重光が野村をじゅうぶんにサポートできたことは言うまでもない。さらに、野村と米大統領とのパイプ役になっていたルーズヴェルト政権のフランク・ウォーカー郵政長官や、ハリファックス英大使と会ってからワシントンを離れ、サンフランシスコから海路帰国の途についた。

その間にも事態は、激しく動いていた。

7月14日、日本が、ドイツに降伏したフランス・ヴィシー政府に対して、インドシナ南部への日本軍の進駐を受け入れるよう要求。

ハルとともに歩く野村吉三郎(左)と来栖三郎(右)

事前に日本の動向を察知していたアメリカ国務省は、ウィリアム・リーヒ駐仏大使（海軍大将。のちに大統領付参謀長）をとおして「事態の引き延ばしをはかった」が、1週間後にヴィシー政府は日本軍のインドシナ南部進駐を容認。†62
7月20日、重光大使が帰国。松岡洋右外相はすでに更迭（7月17日）され、新外相は豊田《とよだ》貞次郎《ていじろう》海軍大将。重光を待っていたのは、「（ヨーロッパ戦争についての）天皇への御進講、大本営政府連絡会議での説明、政府要人との個別会談」。まもなく、近衛首相・豊田外相から「日米首脳会談の首席随員に擬せられる」ことに。また、新たな米国特派大使の件でも重光の名前が候補にあがった。[†61]

7月24日、ルーズヴェルト大統領が野村大使に、インドシナ南部進駐中止を勧告。

7月26日、アメリカが在米日本資産を凍結。2日後、日本軍がインドシナ南部に上陸。

8月1日、米国は、日本への石油輸出を全面禁止。

8月3日、英国・ロンドン。

正午過ぎ、政府および軍部要人ら三十数名を乗せた特別列車がメリルボーン駅を出発。1時間後にバッキンガムシャー州の小さな田舎駅に停車すると、首相別邸チェカーズで《長い週末》を過ごすはずだったチャーチルが乗りこんできて、特別列車はスコットランドへと北上をつづけた。

そのころすでに、スコットランド・オークニー諸島のスカパフロウ海軍基地では、首相一行が乗艦する戦艦プリンス・オブ・ウェールズがスタンバイ。

アメリカと違って交戦中のイギリスではメディアが「首相の動静」をくわしく報じることはなかった。それでも入念な《隠蔽《いんぺい》》がほどこされる。首相一行には、情報省の要請で民間人もくわわっていたのだが、彼らに対しては、首相と同行するとはもちろん知らせず、「3週間ほどの国外出張」との事前説明だけ。

8月4日・東京・午前11時40分。

近衛文麿首相が宮城《きゅうじょう》（皇居）に参内し、ほぼ40分間、天皇に拝謁した。

近衛は行きづまった日米交渉打開のために、「ルーズヴェルト大統領に日米首脳会談開催を提案することを上奏し、それが承認されたものと思われる。近衛はその夕方、陸海両相に対して、トップ会談によってこそ道をひらくことができるだろうと告げた。近衛がすでに天皇の事前承認をえていると思った両相は首相の考えに同調した[†63]」。

それでも東条陸相は、「会談が実現しなかった場合、あるいは、おこなわれても物別れにおわった場合、『首相は、内閣を投げ出すようなことはせずに、開戦準備を進めるべき』と、念を押した[†55]」。

8月6日、ワシントン。

米国によるインドシナ撤退勧告と石油禁輸に反発する《日本政府回答書》を野村大使がハル国務長官に伝達。

8月8日、野村がハルを再訪して、ハワイ・ホノルルにおける《近衛・ルーズヴェルト会談》を提案。

「アメリカは参戦すべきでしょう！」

1941年8月9日から12日まで4日間の米英サミット（大西洋会談）には、ルーズヴェルト、チャーチルのほかにウェルズ米国務次官、ホプキンズ米大統領顧問、アレキサンダー・カダガン英外務事務次官および両国陸海空軍参謀長クラスがつどっていた。

参加者全員による公式行事があり、政府首脳同士の話し合い、また両国軍部高官がそれぞれの分野について協議する場がセットされた。

８月９日。オーガスタ艦上のオープニング・セレモニーのあと、午餐会《ランチヨン》と首脳会談が始まった。

ルーズヴェルトは、「サミットの成果を共同宣言にまとめましょう」と提案し、チャーチルが同意した。この米英共同宣言が、のちに「大西洋憲章」とよばれることになる。

３時前に最初の首脳会談はおわった。チャーチルは、いったんプリンス艦へ戻り、ディナージャケットに着替えて、艦長大広間《おおひろま》でおこなわれる晩餐会《ディナー》のため、ふたたびオーガスタ艦にやって来た。

フォーマルなディナーがすみ、一同、ブランデーとシガーでくつろぎだしたとき、チャーチルが立ちあがった。イギリスが戦っている戦争の「大義と現況」についてスピーチをひとしきりすると、いちだんとトーンを高めた。

「アメリカは私たちの側で参戦すべきでしょう！　ヒトラーが攻撃してくるまで待っていたんでは手遅れです！　今こそチャンスです！　アメリカが生き延びるには参戦しかありません[†56]！」

ルーズヴェルトは、もっぱら聞き役にまわった。前年、３期目の大統領選挙キャンペーンで、「皆さんのご子息は外国の戦争に送られることはありません[†64]」とアメリカ国民に公約していたわけだから、チャーチルに対して「イエス」とも「ノー」とも返さなかった。

８月10日。戦艦プリンス・オブ・ウェールズの後部デッキにて日曜礼拝。

英戦艦乗組員に合流した米海軍・海兵隊250名が、チャーチルのセレクトによる賛美歌を両首脳とともに歌った。ルーズヴェルトは合衆国海軍の代表者として、タバコ、フルーツ、チーズの入ったギフトボックス１９５０人分を、戦時下の物資不足に見舞われている英海軍４艦の乗組員におくった。

そして、この日もホスト国アメリカのオーガスタ艦でおこなわれたディナーのあとの懇談の際、米大統領の三男エリオット・ルーズヴェルトは、両首脳の議論がヒートアップする場面を目《ま》の当《あ》たりにした。

「戦後の平和体制の前提は自由貿易ということになりましょうな。保護貿易を助長するような国際協定は減らさなければなりません」とルーズヴェルトがきりだした。

チャーチルが「しかし、大英帝国貿易協定は……」と反論しようとするのを制して米大統領はつづけた。

「そこです！　帝国貿易協定こそが問題なのです。インドやアフリカ、中近東の人びとが取りのこされてしまっているのは、まさに帝国貿易協定があるせいです。そのような18世紀のやり方では、安定的な国際平和に欠かせない後進地域の発展はありません」

「18世紀のやり方ですって！」

「その通り！　20世紀方式であるならば植民地は解放されなければならない！　ファシストの圧制と戦っていながら、いっぽうでは植民地政策の未開状態から世界じゅうの人たちを解放しないのはおかしいじゃありませんか！」

「インドのことをおっしゃっているが、米領フィリピンはどうなんですか?」

「よく聞いてくれました。フィリピンは5年後に独立します。国際平和体制の根本は諸民族間の平等と自由貿易です。今度の戦争の要因のひとつは中央ヨーロッパの経済を支配しようとするドイツの目論見《もくろみ》にあることはご存じの通りでしょうが!」

チャーチルは顔を真っ赤にして反駁《はんばく》した。

だが、ルーズヴェルトもあとへ退かず議論は深夜2時にまでおよんだ。

それもやっとおさまって、エリオットがキャビンまでつき添っていくと、大統領は「ウィンストンは戦時下の首相としては完璧だろうな。けれど、戦争がおわっても首相をやるのかな? 今のままで通用するかどうか……」とつぶやいた。[†56,65]

1ヵ月は時間をかせげる

8月11日午前11時。オーガスタ艦。

「日本問題」をディスカッションする首脳間協議。

すでにイギリスは、ロンドンに亡命中のオランダ政府とともに、アメリカの対日経済制裁(資産凍結・石油禁輸)に追随していた。前日には、米・英・蘭が共同で日本に警告を発する宣言書の試案をイギリス側で用意し、ルーズヴェルトに提示してあった。

その試案は、まるで《最後通告》であるかのような調子でむすばれていた。

「日本が南西太平洋地域でさらに侵略行為をつづけるのであれば、たとえ日米戦争を引き起こしかねない対抗手段であっても、アメリカ政府がそれを行使せざるをえない状況にたちいたるだろう」[†14]と。

オーガスタ艦の会談場では、ルーズヴェルトがチャーチルに、2通の文書を手わたした。アメリカによる石油禁輸とインドシナ撤退勧告のそれぞれに反発した《日本政府回答書》のコピーだ。目を通していくうちチャーチルに、たちまち、怒りの表情が浮かんでいく。

「日本はインドシナを占領しておきながら、アメリカが経済制裁を放棄し陸海軍力を使うことなく、日本による中国政府壊滅を容認するなどもっと譲歩するならば、自分たちは今まで以上には行動しない、みたいなことを言っているじゃありませんか。どれもこれも、受け入れられませんでしょう！[†55]」

米国だけが日本を抑止できると考えるチャーチルとしては、日本に対してもっと強硬に出るべきだと要求しているのだ。

しかし、米国には米国の事情があって、容易に、そうは突き進めない。

先にもふれたように「ヨーロッパの戦争」に対する苦い記憶が米国にはあったわけで、1935年、ナチスドイツの台頭による紛争に巻きこまれるのを恐れた米国議会は、すべての交戦国への武器輸出を禁止する「中立法」を成立させた。

1939年9月の第2次世界大戦勃発によって、ドイツ、イギリス、フランスのいずれもが、アメリカからの武器輸出禁止の対象国になった。

ルーズヴェルト大統領は議会に訴えかけた。「このままでは侵略国（ドイツを指している）を勢いづかせるだけで真の中立とは言えない」と。

11月、中立法が大統領の意にそって改正され、イギリス・フランスへの武器輸出がやっと可能になった。

そして1941年3月には、アメリカの安全保障にかかわってくる諸外国に対する武器貸与《レンドリース》法が成立。

さらに、兵役制度。現行1年の義務兵役期間を2年半に延長する徴兵法改正案が、大西洋会談のあいだも下院の審議中で、やがて可決されることになる。賛成203票に対して反対202票——たった1票差の際どい採決ではあったけれども。

ルーズヴェルト政権はこのように、「ヨーロッパの戦争」におけるイギリスへの支援を増強してきていた。しかし、あくまでもヨーロッパと大西洋がメインであり、太平洋方面まではなかなか手がまわらない。

それどころか、太平洋艦隊の本拠地をカリフォルニア州サンディエゴからハワイ・ホノルルに移し、米領フィリピンのアメリカ陸軍の増強に着手したばかりだというのに、急を要する大西洋の防備のために、太平洋艦隊の空母、戦艦、巡洋艦など主力艦を大西洋に移動させていた。

アメリカはまだ、両大洋における戦争準備はできていない。だから太平洋での日本との衝突は避けなければならない。

怒りをぶちまけるチャーチルに、ルーズヴェルトは「ワシントンへ帰り次第、私自身が日本大使に会ってアメリカ政府の回答を伝えましょう」と言った。日本に対する《米英共同警告案》には乗ってこなかった。しかし、チャーチルにはこう言った。

「インドシナ問題での協議なら応じてもよいけれど、武力行動に対しては結果的に戦争になっても仕方がない措置で対抗すると伝えます。それで少なくとも1ヵ月は時間をかせげるでしょう」と。

その夜チャーチルは、イーデン外相に電報をうった。

「大統領は対日交渉で時間をかせぐと約束してくれた。我々はその間にシンガポールの備えを増強できる」†55
8月12日、午後2時半。最後の首脳会談で、8ヵ条からなる米英共同宣言に最終合意。午後5時、プリンス艦で帰国の途につくチャーチルを、ルーズヴェルトがオーガスタ艦上から見送った。

8月13日、ソ連邦・モスクワ。英米両国の軍事支援に関する、「英・米・ソ三国モスクワ会議」の開催を呼びかける《チャーチル・ルーズヴェルト共同書簡》が、スターリン首相に伝達された。

8月14日。ロンドンでクレメント・アトリー首相代理が、ワシントンではスティーブン・アーリー大統領府報道官が、米英共同宣言（大西洋憲章）を発表。

合衆国大統領とイギリス首相による共同宣言

アメリカ合衆国大統領およびイギリス王国における陛下の政府を代表する首相チャーチルは、会合により、世界のよりよき未来の希望を託す個々の国家の国家政策における一定の共通原則を公表することが正しいと考える。

第一、両国は領土あるいは他の一切の拡大を求めない。

第二、両国は当事国家の自由に表明される希望と一致しない、いかなる領土の変更も求めない。

第三、両国はあらゆる国民が、その下で生きる統治形態を選ぶ権利を尊重する。両国は主権と自治が暴力によって剝奪された国民に、それらが回復されることを求める。

第四、両国はあらゆる国家の現存する義務に然るべき尊敬を払いつつ、あらゆる国家が、国の大小にかかわらず、戦争の勝利や敗北にかかわらず、その経済的繁栄に必要な貿易と世界の原料に対して、平等の条件の下で入手の機会を享受することを促進せんと努力する。

第五、両国はすべての国家のために、労働水準の改善、経済的進展、社会保障を確保する目的をもって、経済領域におけるあらゆる国家間の十全なる協力の実現を期す。

第六、ナチ圧制の最終的壊滅の後、両国は、すべての国家に対して自己の境界内で安全に生活する手段を提供するような平和、そしてあらゆる国土のあらゆる国民が、恐怖と欠乏から解放された自由のなかで生きる保証を提供する平和の確立を求める。

第七、そのような平和によって、すべての人びとが公海と外洋を妨害されることなく航海を可能とされるべきである。

第八、両国は世界のあらゆる国家が、精神的理由のみならず現実的理由によって、武力行使を放棄するようにならねばならないと信ずる。自国の領土外に侵略の脅威を与え、もしくは与えるかもしれない国々によって、もし陸海空の兵器が使用されつづけるなら、将来の平和は維持されえないが故に、両国は、より広範で恒久的な全体的安全体制が確立される間、上述の国々の非武装化が必須であると信ずる。両国はまた、平和を愛する諸国民に対して、武装という過重な荷を軽減する他のあらゆる実行可能な手段を援助し、奨励するであろう。[†22]

そのときアイスランド沖の大西洋上にあったチャーチルは自著にしるす。

「専門的に言えば、まだ中立国だった合衆国が交戦国とともにそのような宣言をするという事実だけでも、驚くべきことだった。そのなかに『ナチ圧制の最終的壊滅』［これは私の草案にあった句を基にしたものである］に関することが含まれていることは、平時であれば戦争行為

を意味したであろう一種の挑戦とまでなっていた」[†22]

8月15日。スターリンから米英両首脳に対して、「武器支援表明に感謝し《英米ソ三国モスクワ会議》開催を歓迎する」電報がとどいた。

日米間に戦争が起こるかも……

ルーズヴェルトは、大西洋会談がおこなわれたニューファンドランド島からオーガスタ艦で南下し、アメリカ東海岸メイン州ブルーヒルベイで大統領専用クルーザー・ポトマック号に乗りうつっていた。「夏休みである」とごまかしてメディアをまいてきた大統領が、束の間ではあるが《ほんとうの休暇》をとるのだ。

チャーチル一行をのせた戦艦プリンス・オブ・ウェールズの予定航路近辺では、ドイツのUボート数隻が交信するのを米海軍がキャッチするような状況下にあったが、首相は無事に大西洋を横断して、まもなくロンドンに帰着するだろう。

日米交渉でアメリカが企図および要求してきたのは、「日独間の引き離し」と日本による「中国からの撤兵」。アメリカとしては、そこに譲歩の余地はない。しかし当面は「圧力と対話」によって日本に対処したいと、ルーズヴェルトはチャーチルに言った。

ワシントンで日本大使と会見する際の《米国政府口上書》の内容についても、最初のドラフトをチャーチルにも示して「この線でまとめる」と約束してあった。

先行してワシントンへ戻ったウェルズ国務次官が、ハル長官および国務省幹部と口上書の最終仕上げに取り組んでいるはずだ。

8月17日（日）午前10時30分。ワシントン・ユニオン駅。

まぎわまで国務省幹部と仕上げにかかりきりだったハル長官が、「米国政府口上書」の最終案をたずさえて大統領を出迎え、車でホワイトハウスまで同乗。

久しぶりの執務室で大統領を待っていたのは、議会で《危うくセーフ》だった徴兵法へのサインなど、山積みのペーパーワーク。ドイツに対して苦戦中のソ連軍が、コーカサス（カフカズ）戦線から後退しているという情報ももたらされていた。

午後4時30分きっかり。野村吉三郎日本大使が執務室に招き入れられ、大統領および国務長官と相対した。

ほんのり日焼けしたルーズヴェルトは、いきなりチャーチルとの「洋上会談」に話題をふった。

「チャーチル首相とは軍艦で会見してきましたよ。ふだん、米艦ではアルコール類を出しませんけれど、彼のために特別に用意して接待したので、すっかり喜んでくれましたね」

そして、やや厳粛な面持ちになおり、「米国政府口上書」を読み上げだした。

「日本政府は極東のさまざまな地点で軍を動かし、ついにインドシナをも占領した。もしも日本が隣接諸国に武力を行使し」、あるいはさらに軍事作戦を展開するなら、「米政府は、アメリカおよび米国民の正当な権利と利益をまもり、アメリカの安全を保障するために必要と思われるあらゆる手段を、直ちにとらざるをえないであろう[†60]」。

暗号を解読した《マジック情報》により、日本外交の「先読み」が容易《たやす》くなっていたアメリカ側とは違い、日本側では、大西洋会談で「対日警告」を米英蘭共同で、しかも戦争突入の最後通告とかわらない強硬な警告を出すようチャーチルが提案し、ルーズヴェルトは共同警告には同意しなかったものの、米国が単独で日本に出す政府口上書の下書きをチャーチルに示していたことを知るわけはなかった。

そのドラフトには、《たとえ、日米間に戦争が起こるかも知れなくても……》という強い表現が用いられていたのだが、野村大使に対して読み上げられた口上書からは、その文言がすっかり消されていた。

大西洋会談のあと、ルーズヴェルトよりひと足先にドラフトをワシントンに持ち帰ったウェルズ国務次官が、ハル長官および国務省幹部と3日間かけて精査検討し、「圧力と対話」路線にマッチするように表現をトーンダウンさせていたのだ。

大統領と国務省チームによる、まさに《コラボ》。

幻の日米トップ会談

大統領の「口上書読み上げ」は、おわった。

口上書では、8月8日に日本がオファーしてあった日米首脳会談についてもふれていた。

「日本が膨張主義的な活動を中止し、太平洋におけるアメリカの平和政策に同調するならば、適当なときと場所を決めてもよい」と。

野村が「実現させたいものです」とフォローすると、ルーズヴェルトは「私がホノルルまで出向くのは無理です。ドクターに空の旅をとめられていますので」と言ってから、「日本の総理がサンフランシスコやシアトルまで来るのはむずかしくても、あるいはアラスカ・ジュノーあたりではどうでしょうか」と言葉をついだ。

「今のようなクローズド・ドアー（門戸を閉じた状態）は歓迎できません。日本の行動に対応してやむを得ずやっていることですから、これを開くのは日本の態度次第です。今度は日本の順番ではないでしょうか[†60]」

これに対して近衛首相がメッセージを返してきた。

「太平洋全般にわたり討議する首脳会談をすみやかに開催しましょう」と。

ルーズヴェルトは「このメッセージは一歩前進です。大いに希望をかけます」と応じた。けれど、それを追いかけてハル国務長官から野村大使に、「首脳同士が会見して話がまとまらないようでは意味がない。重要問題についての原則的協定が先に必要」との申し入れがあった[†51]。

９月６日、東京。

御前会議は「外交交渉で10月上旬になっても要求貫徹できる『目途《めど》』がない場合はただちに開戦を決意する」と決定。

１ヵ月以内に日米交渉の目途をつけなければならない日本政府が、「近衛訪米団」のメンバー選定、使用船舶の手配を進めるいっぽう、「原則的協定」をめぐるやりとりが日米間でおこなわれた。しかし進展はなかった。

10月2日、ハル国務長官が野村大使に「アメリカの四原則（領土保全主権尊重・内政不干渉・機会均等・太平洋地域の現状維持）の実施について見解の一致があるまで、首脳会談は延期する」と事実上の中止通告をしてきた。†51

「日本は一体どうなるのだ」

そして、日本の混乱が始まった。

首脳会談はできなくても日米交渉そのものにはまだ打開の「目途がある」とする近衛首相と、「目途はない」とする東条陸相が対立。

御前会議決定を変更してでも交渉はつづけるべきと言う近衛に対して東条は、「天皇の輔弼《ほひつ》責任を果たせない内閣の総辞職」を主張した。

では、後継内閣をどうする？　との近衛の問いに東条は、「この際、皇族にお出ましいただくよりない」と、陸軍大将・東久邇宮稔彦王《ひがしくにのみやなるひこ》の名を挙げた。東久邇宮首相なら難局を打開できると思った近衛は、宮《みや》と会談し後継を打診した。けれども、東久邇宮は「それなら内閣を改造して東条をやめさせればよいじゃないか」といい、乗り出してこなかった。

いっぽう、天皇の側近である内大臣《ないだいじん》・木戸幸一《きどこういち》が、この重大局面に皇族を巻きこんではならない、と反対していると知らされると、近衛は憤然となり「木戸には何かの考えがあろうから内閣は直ちに総辞職する」と言った。

そのころ木戸は東条にも同じような話をして、「これを聞いた東条は、暫時《ざんじ》沈黙の後『然《しか》らば日本は一体どうなるのだ』と反問した」。

10月16日午後5時、近衛は天皇に辞表を捧呈。

ほんと「日本は一体どうなるのだ」であったが、木戸は、元首相らによる重臣会議を招集し、「開戦急先鋒の陸軍をコントロールできる者はほかにはいない」と東条次期首相で押しきり、それを天皇に上奏した。[†51]

この重大な内閣交代劇では宮廷官僚にすぎない木戸が、とつぜんゴリ押しに出た印象をあたえるだろうが、天皇がどう考えていたかは、いっさい伝えられていない。

10月18日、東条内閣が発足。陸相と内相を兼任する東条首相の対米方針は、「戦争準備と外交交渉の二本立て」であった。

「ハル・ノート」

ニューファンドランドにおける米英協議によって、北大西洋のイギリス商船団には米海軍の巡洋艦と駆逐艦の護衛がつくようになったばかりか、「この護送船団に近づくドイツ潜水艦に対する発砲命令」が大統領から出されていた。[†55]
いっぽう太平洋については、ルーズヴェルトが「貴下と私とは極東において（大西洋会談の日から数えて）2ヵ月の息抜きをえている」と電報をおくり、チャーチルは「日本について話し合ったとき、貴下は時をかせぐことを語り、この政策はこれまでのところ輝かしい成果をおさめてきた」と返電していた。[†51]

そして10月20日のルーズヴェルト宛てチャーチル電は、

「日本に対する米国の対応が強硬であればあるほど、太平洋の平和維持のチャンスは大きくなるでしょうが、万一、日米開戦の事態となりましたら、英国は1時間以内に日本に宣戦するものとお考えください」[†15]と《時間稼ぎ》の終了を告げていた。

さらに11月に入ると、「大統領が8月にニューファンドランドで視察されたあの巨艦プリンス・オブ・ウェールズをシンガポールへ派遣し日本に対する抑止力とします」[†66]とつづけた。

11月5日、東京・御前会議。

「自存自衛をまっとうし大東亜の新秩序を建設するために対米英蘭《べいえいらん》戦争を決意」するとともに「12月1日午前0時までに対米交渉が成立しなければ武力発動をする」帝国国策遂行要領を決定。

野村駐米大使によってワシントンでおこなわれていた対米交渉に、新たに来栖三郎特派大使（前駐独大使）の派遣が決定され、来栖は、すでに野村によってアメリカ側に提示されていた日本政府案（甲案）の修正案（乙案）をたずさえて渡米した。

11月17日、野村・来栖両大使がルーズヴェルト大統領・ハル国務長官と会談。

11月20日、《日中和平成立後の、日本軍のインドシナからの撤兵》などの「乙案」を米国側に提示。

11月26日（日本時間）、南雲忠一《なぐもちゅういち》中将指揮の、空母6隻（航空機360機）・戦艦2隻・重巡洋艦2隻・駆逐艦11隻で編成された日本海軍機動部隊が、対米交渉成立の場合は引き返す指令のもと、択捉島《エトロフ》単冠湾《ヒトカップ》を出航。

11月27日（日本時間）、野村、来栖、ハル会談。

アメリカは日本提案の乙案を拒否するとともに、つぎの項目をふくむ米国案を提示。

「日本政府は中国およびインドシナから陸海空軍および警察力をすべて撤退する」「日米両国政府は重慶にある国民政府以外は軍事的・政治的・経済的に支持しない」[†57]。

野村が4月以来の8ヵ月間に「大統領とは10回くらい、ハル長官とは60回ばかり会談」[†60]し、数回におよぶ文書のやりとりがあった日米交渉の最終盤にアメリカが提示してきたこの文書が、のちに敗戦後の日本で、「ハル・ノート」と呼ばれるようになる。

11月28日、東京からワシントンの野村大使宛てに打電された電報が米側に解読された。――「このような提案〔ハル・ノート〕はけっして今後の交渉の基礎とすることはできない。近日中に送る日本政府からの通告をもって交渉は事実上決裂するであろう」。

12月1日・御前会議。

「対米交渉は遂に成功するに至らず、帝国は米英蘭に対し開戦」と決定[†51]。

翌日、連合艦隊司令部から、ハワイ・オアフ島へ向けて航行中の南雲機動部隊に対して、《12月8日（日本時間）真珠湾を攻撃せよ》を意味する「ニイタカヤマノボレ一二〇八《ヒトフタマルハチ》」の暗号電（攻撃中止の場合は「ツクバサンハレ」）が発せられた。

もちろん、事前に入念に取り決めてあったこの暗号が、米側に解読されるようなことはなかったが[†67]……。

タイムオーバーした《最後通告》

戦艦プリンス・オブ・ウェールズが12月2日、シンガポールに到着した。

12月6日（ワシントン時間）午後9時30分。ホワイトハウス2階の大統領執務室。施錠されたブリーフケースをたずさえた海軍大佐が入ってきて、ホプキンズ大統領顧問と共にいたルーズヴェルトに文書の束を手渡した。

大統領はそれを10分ぐらいかけて読んでから顧問にまわす。ホプキンズが目を通しおわるのを待ってルーズヴェルトは言った。

「いよいよ戦争だね[†68]」

その夕刻のこと。米陸軍情報部が、東郷茂徳《とうごうしげのり》外相から野村大使へ宛てた「米側提案に回答する覚書を14分割して送る」という暗号電報を傍受しスタンバイ。夜にかけて続報がつぎつぎに入ってきて、13通目までを傍受・解読した文書をホワイトハウスへ届けてきたのである。

暗号電報の傍受から解読文書の送達まで、驚くほど手際《てぎわ》のよいアメリカ側だったが、解読されているとは思いもしない日本側はどうだったのか。

このケースの在ワシントン日本大使館宛ての外交電報は、東京の外務省本省で英語の暗号電文が組まれて東京中央電信局から発信され、それを受信したアメリカの電信会社によって、ハードコピーが大使館へ配達された。

大使館にはまず電信会社から連絡があり「配達人がオートバイで持参してくる。そして玄関のベルを押す。受付係が扉を開け、電報配達であることを確認してから電信室に館内電話で連絡する。それを受けて電信室所属の誰かが玄関まで出て、受領証にサインし、電報を受け取って電信室に戻る[†69]」。

12月6日夜の「電信室は火事場のような騒ぎであった」。つぎつぎに配達されてくる電報を電信官が暗号機にかけて解読する。しかし、「最高機密に属する電信なので一種類の暗号だけでなく、もう一種類の暗号を重ねて組んである。専門の電信官とはいえ、その分、解読には通常より多くの時間がかかる[†69]」。

解読文書には書記官たちの手書きで加筆・訂正がなされたうえで野村、来栖両大使に届けられ、そこで両大使と上席書記官たちが内容をチェックしてゆく。

午後11時には13通目までの電信処理は終わった。だが、その1時間半前に大統領がすでに、日本が通告してくるであろう内容のほとんどを知っていたということになる。

日付がかわり12月7日［日本時間12月8日］になったが、14通目の配達はない。未明まで待機しつづけた大使館員たちも、当直者以外はいったん帰宅したものの「午前7時半には大使館の当直者からの電話で叩き起こされた[†69]」。

急いで登庁してみると、やっと届いた14通目と別電1通の解読と、それまでに文書整理された分のタイプ打ちと読み合わせに大わらわであった。

いっぽう、米側による最後の14通目の傍受は、同じ12月7日の午前3時であり、午前10時にはすでに、「日本政府は、交渉を継続しても妥結に達し得ないと認めるほかないと、合衆国政府に通告するのを遺憾とする」とむすぶ《最後通告》が解読され、大統領と国務長官のもとに届けられていた。

なぜ解読は遅れたのか

日本大使館に届いた別電では、ハル国務長官に対する「覚書手交《しゅこう》は午後1時」と指定されていた。東京で想定されていた真珠湾攻撃開始時刻の30分前である。けれど、日本の攻撃開始も、ターゲットが真珠湾であることも、在ワシントン大使館の野村大使以下30人ほどいた日本人スタッフの誰ひとりとして知らされてはいなかった。

解読文書をタイプ打ちして覚書に仕上げる段階で、「《最高機密文書にタイピストを使用してはならない》という訓令」がネックになった。通常業務を依頼しているアメリカ人女性タイピストは使えない。

それで、「責任ある幹部館員のなかでただひとりタイプの打てる」奥村勝蔵《おくむらかつぞう》1等書記官（戦後、天皇の通訳。外務次官）が打ち出した文書を他の者が読み上げてチェックする作業になった。しかし、「脱字やミスタイプがかなりある。タイプを打っている間に、解読を終わった部分について訂正の電報も入る」。奥村は「改めてタイプを打ち直さねばならなくなり、いよいよ時間がかかるばかりだった†69」。

正式文書は12時半になってもまだ完成せず、午後1時のアポイントメントを変更しなければならなかった。

午後1時20分（ハワイ時間・午前7時50分）、日本海軍の想定よりも10分早く真珠湾攻撃が始まっていた。

覚書全部のタイピングが完成したのは午後1時50分。

野村・来栖両大使が覚書をたずさえ急ぎ国務省へと向かっている、まさにその最中にハルはルーズヴェルトから「真珠湾が日本軍に攻撃された」と知らされた。

2時5分に国務省に到着した両大使を応接室で待たせるあいだに、ハルは確認の電話を数本かけた。

そして2時20分に、長官室に入ってきた野村と来栖に対して、ハルは「まず長官室の大時計をみて時刻を宣言」しておいて、手渡された文書を読み始めた。すると「覚書を持った長官の手が興奮で次第にふるえ」だしたあげくに、「50年の公生活において私はこれ以上恥ずべき虚《きょ》偽歪曲《ぎわいきょく》に満ちた文書をかつて一度も見て来なかった」と、交渉打ち切りを通告する以前に攻撃したことに対して痛罵《つうば》を浴びせた。[†70]

ハルは、ふたりに「椅子を勧めることもせず、あごでドアのほうをさした[†51]」。

真珠湾では、「停泊中のアメリカ戦艦全8隻と、駆逐艦3隻、軽巡洋艦3隻が爆撃された。死体はあらゆる場所に散乱した。沈没する船の船倉に閉じ込められ、炎上する海にばらまかれ、煙で被《おお》われた地面にまき散らされた。日本機の第3波が最後の攻撃を完了する前に、陸海軍の兵士と民間人の計3500人の命が奪われていた。アメリカ史上最悪の海軍の大敗であった[†64]」。

英国海軍、破れる

12月8日［日本時間12月9日］。

ルーズヴェルト大統領は連邦議会上下両院合同会議で、「12月7日、日曜日の日本による正当な理由のない卑劣な攻撃以来、『合衆国と日本帝国の間には交戦状態が存在している』と宣言するよう求める」演説をした。[†64]

上院は86対0、下院は388対1で対日宣戦決議を可決した。

*

日本軍は、真珠湾攻撃よりも早くマレー半島コタバルに上陸を開始していた。

シンガポールからは、戦艦プリンス・オブ・ウェールズが巡洋戦艦レパルスと駆逐艦4隻をしたがえて出撃していった。

12月10日（現地時間）。プリンス・オブ・ウェールズとレパルスはマレー半島東方沖で、ヴェトナム・サイゴン（現ホーチミン）近くの基地から飛来した日本海軍攻撃機84機の数波におよぶ爆撃と魚雷攻撃におそわれた。

「午後0時33分にレパルスは転覆して沈んだ」。魚雷を3発うけたプリンス・オブ・ウェールズの「速力は8ノットに落ち、これまたほどなく沈没状態に陥った。さらに1弾を受けた新たな爆撃の後に、同艦も転覆して午後1時20分に沈んだ。約3千名の将兵のうち2千名を駆逐艦が救った。司令長官サー・トム・フィリップスと艦長ジョン・リーチは水死した」。[†25]

20年にわたりチャーチルのボディガードを務めてきたウォルター・トンプソン元ロンドン警視庁警部は、その《悲報》を知らされたチャーチルが、「なぜなのだ……どうしたというのだ？」とつぶやくばかりで、ただ、ただ、涙するのを見まもるしかなかった。†71

それぞれの「その後」

近衛文麿元首相、東条英機元首相、松岡洋右元外相、重光葵元駐英大使の４人はいずれもＡ級戦犯容疑で極東国際軍事裁判（東京裁判）に召喚された。

松岡元外相は法廷には一度立っただけで、肺結核悪化のため巣鴨《すがも》プリズンから米軍病院に移され、さらに東大病院への転院が許可されたあと、１９４６年６月27日病死。

近衛元首相は巣鴨プリズンへの出頭を命じられていた１９４５年12月16日未明に、服毒自殺。

東条元首相は１９４５年９月11日米軍憲兵に逮捕される直前に軍用拳銃で自決をはかったが果たさず、東京裁判で１９４８年11月12日死刑判決をうけ、12月23日絞首刑執行。

重光元駐英大使は１９４３年東条内閣の外相、44年小磯《こいそ》内閣の外相・大東亜相をつとめ、45年８月17日成立の東久邇宮内閣の外相として日本の降伏文書に署名。８年の禁固刑で服役し減刑されたあと政界へ進み、改進党総裁。鳩山一郎《はとやまいちろう》内閣の副総理・外相。

野村吉三郎元駐米大使は１９４２年８月、抑留者交換船で帰国。戦後は公職追放が解けてから参議院議員となり自民党参院議員会長をつとめた。

＊

ポトマック号は1945年11月に海軍から除籍され沿岸警備隊の所属に戻った。

1960年には民間に売却されカリブ海でフェリーとして運航。64年、歌手エルヴィス・プレスリーが5万5千ドルで購入し、チャリティ基金集めのために郷里の病院に寄付した。そして7万5千ドルで売却されたあとしばらくは消息がなかったが、1980年、麻薬密輸にかかわったとしてサンフランシスコ税関が拿捕《だほ》、いったんは廃船となった。

その後、カリフォルニア州オークランド港湾局が、ルーズヴェルト大統領使用時代の姿に復元し、21世紀に入ってからも、サンフランシスコ湾オークランド港にて動態保存のうえ、合衆国史蹟の博物館艇として公開されていた。

沈むプリンス・オブ・ウェールズ(左)から
僚艦へと脱出する水兵たち

第5章

「敗北と不名誉とはわけが違う」

主治医モーラン卿

ウィンストン・チャーチル首相が誕生して2週間の1940年〔昭和15年〕5月24日。ロンドンの内科医でセントメアリー医学校長でもあるモーラン卿（本名チャールズ・ウィルソン）が、主治医として初めてチャーチルに会うために、ホワイトホールの海軍本部を訪ねた。とつぜん退陣に追いこまれたチェンバレン前首相の引っ越しがすむまで、チャーチルは、前任ポストである海軍大臣の公邸住まいのままなのだ。

すでに正午になっているのに、首相はまだベッドの上で書類を読んでいた。

「いくら待っても、書類から顔を上げようともしない。かなりたってから、やっと書類を置き、『こんなにみんなが騒ぎたてる理由がわからない。からだはどこも悪くないよ』と、いらだたしげに言った」。それから、「『わたしの病気は消化不良さ。こうしてなおすのだ』と言って、ある種の呼吸運動を始めた。白い太鼓腹が上下に波打っていた」[†72]。

チャーチルがいつまでもベッドを離れようとしなかったのは、べつに、体調をくずしていたわけではない。徹夜仕事の後であっても、短時間熟睡しただけで、ベッドの上から執務を再開する。そしてかならず午睡《ごすい》をとる。1日に「二度寝」である。目覚めるたびにリフレッシュするわけだから、「24時間で2日分」の活動ができる。

チャーチルがそのようにこだわり、長年つづけてきたルーティンを、首相になっても変えていなかったわけだ。

モーランを主治医に推薦したのはビーヴァーブルック航空機生産相（当時）。けっして若くはない年齢で、戦争遂行の激務をこなさなければならないチャーチルの健康を、長年の盟友が心配してのこと。

「この仕事はどうも気に食わぬ。こんなお膳立てで長続きするわけがない」[†72]と不満をもらしたモーランだったが、それから25年ものあいだ、主治医として、また親しい友人として、ウィンストン・チャーチルと付き合うことになる。

＊

日本軍の真珠湾攻撃から５日のち、戦艦プリンス・オブ・ウェールズ撃沈から３日たった１９４１年［昭和16年］12月13日。

急遽《きゅうきょ》米国ワシントンへと向かうチャーチルを乗せた英海軍戦艦デューク・オブ・ヨーク（プリンス・オブ・ウェールズ艦の姉妹艦）が、スコットランドのクライド海軍基地を出航した。

11月末で67歳になっていたチャーチルが率いるのはビーヴァーブルック供給相、陸海空３軍首脳、モーラン医師、警護のウォルター・トンプソン元警部など総勢80名。

日米開戦、ドイツ・イタリアの対米宣戦布告によって、戦場がヨーロッパ・北アフリカからアジア太平洋地域に広がり、文字通り「世界大戦」となった戦争で、英米両国軍の合同参謀委員会をつくり、日独伊の「枢軸国」に対する英米ソ中の「連合国」の結束強化をはかるのが今回の訪米の目的である。

アメリカ議会とカナダ議会でのスピーチも予定されていた。カナダはすでに、オーストラリア、ニュージーランド、南アフリカ連邦と足並みをそろえ、イギリス連邦内自治領の一員としてヨーロッパ、北アフリカ戦線に派兵している。

デューク艦がのりだした冬の北大西洋の天候は、荒れに荒れまくっていた。乱雲の空に渦まく暴風が山のような波を巻きあげる。マレー半島沖で英海軍最新鋭の戦艦プリンス・オブ・ウェールズと巡洋戦艦レパルスを失ったばかりである。デューク艦は、Uボートを警戒するジグザグ航法をまじえ、護衛の駆逐艦隊の速度にあわせてのろのろ前進していった。それでも、Uボートが群れている海域は、駆逐艦を置いてきぼりに全速で突破しなければならない。

「艦のハッチは密閉され、大波が甲板をたたきつけた。これでは潜水艦で旅行しても同じだったと、ビーヴァーブルックはぶつぶつ言っていた[†22]」と、チャーチルは回想録に書く。

いっぽうモーラン医師によれば、チャーチルは「米国が参戦してから、人間が変わったようである」。それまでは、「怒ったように首を前に突出し、歯をくいしばってせわしなく室内を出たり入ったりする。世界の重みを一身に背負わされている」みたいに見えた。

キャビンにこもりルーズヴェルト大統領宛ての電信文を口述している今はまったく違う。「疲れ切った陰気なかげりはどこにも見当たらない」。モーランが「室内に入っていくと、パッと明るい表情を向ける[†72]」。以前とはうってかわり活力にあふれている。

チャーチル一行は、12月22日、ヴァージニア州ハンプトンに上陸し空路ワシントンへと急いだ。首都の空港にはルーズヴェルト大統領が出迎えの車のなかで待っていて、チャーチルをホワイトハウスまで案内した。

《ヒヨッコの首ったま》

ホワイトハウス2階の公邸部分の一画をしめるローズスイート――バスルームの付いた書斎と寝室の「つづき部屋」――は、これから先何度も長期滞在するチャーチルの、ワシントンにおける《定宿《じょうやど》》と呼んでよいだろう。

廊下の先には大統領の執務室とベッドルームがあった。首相と大統領は、同じ建物の同じフロアで仕事をし、たがいの部屋を訪ねては話しこみ、そして同じ建物の同じフロアで眠った。別の階にあるダイニングで食事をしたあとは、チャーチルがルーズヴェルトの車椅子をエレベーターのところまで押していった。[†73]

到着した翌日、ふたりで共同記者会見をした。大統領執務室《オーヴァルルーム》は、立ったままの記者たちでぎゅう詰めになっていた。

「うしろのほうの諸君からは、首相が見えにくいんじゃないですか?」と大統領が声をかける。すかさずチャーチルは起《た》ちあがった。そればかりか葉巻を手にしたまま、ひょいとソファに跳びのったものだから、執務室じゅうが大喜びした。

大の風呂好きのチャーチルは、ローズスイートのバスルームがすっかり気に入った。「バスタブたっぷりの熱いお湯に全身をひたし、赤ん坊のように足をばたつかせて楽しむ」入浴にはもってこいだったから。[†57]

スピーチの草稿もバスタブの中から口述する。ホワイトハウスでもそれをやった。

頭からお湯に身をしずめたチャーチルは、《浮上する》たびに言葉を発し、訪米に同行している男性速記者が、それを書きとめていく。じゅうぶんに体が温まると、バスタブを出て、バスタオルを腰まわりにまいたまま書斎のなかを歩きながら口述をつづける。いつのまにかタオルがほどけて全裸になっているのに、いっさい構わずつづける。

すると、大統領が車椅子を自分で操作しながら、とつぜんローズスイートに入ってきた。

「これは失礼！」と、あわてて向きをかえて出ていこうとするルーズヴェルトに、チャーチルが言った。

「大統領閣下に対しまして、隠しごとはいっさい致しません[†59]」と。Ⓙ

そうは言っても翌年2月、「真珠湾攻撃以前に、イギリス情報機関は米国の外交電報を解読できていましたが、同盟国になった瞬間にその作業を中止するよう命じました」とチャーチルがルーズヴェルトに告白するのではあるが[†74]。

いずれにせよ、帰国したチャーチルは「一国の元首を裸のまま出迎えた歴史上初めてのイギリス首相でございました」とジョージ6世国王に報告した[†32]。

クリスマスイヴには、ホワイトハウスのバルコニーに大統領と並んでたち、巨大クリスマスツリーの点灯式を見まもった。

集まった数千の人びとにチャーチルは、「英語を共通の母語とする国民同士のつよい絆のおかげで、家族と遠く離れているなんて少しも感じません[†14]」と語りかけた。

翌日のクリスマスに、香港のイギリス軍が降伏。

26日、米議会上下両院合同会議――チャーチルの外国議会における初めての演説。

「私の語ったことは、この上ない思いやりと熱心さをもって受け取られた。期待していた個所では笑いと拍手を受けた。日本の暴挙についてふれながら、私が『いったい彼らは我々がどういう種類の人間だと考えているのでしょうか?』と問うたとき、もっとも大きな反響があった」[†22]

30日、オタワのカナダ議会は《ヒヨッコの首ったま》にわきかえった。

演壇上のチャーチルが、「イギリスは単独になっても戦争をつづける、そうフランス政府には通告してありました」と、フランスがドイツに降伏する間際のエピソードを披露しようとしていた。

常に、もっとも間近にいる目撃者だった、チャーチルの警護役・トンプソン元警部の手記とともに当時の録音も残っている。

――チャーチルはさりげなくつづけた。

「ところが、フランス陸軍の将軍たちは政府（親ヒトラーのヴィシー政権）に対して、『イギリスなんて3週間ももたずに、ヒヨコのように首を捻《ひね》られてしまう』と言いはなったのです」

チャーチルが、ひと呼吸おきリーディンググラスをはずし、議場を見わたしたつぎの瞬間、

「ヒヨッコ、なんですって！」

すかさず、「ハッハハッハ〜ッ！」「ワ〜オッ！」「バシ、バシ、バシ！」――哄笑《こうしょう》と喝采

と拍手の嵐。

さらに「首ったま、だそうです！」。「ハッハッハ〜ッ！」「バシ、バシ、バシ！」。

ジェームズ・ボンド役のショーン・コネリーばりの風貌と体形そのままに佇立《ちょりつ》するトンプソン元警部は、なんとも間《ま》のよいアドリブに、口元だけを微《かす》かにほころばせた。[71][75][76]

心臓冠動《かんどうみゃくふぜん》脈不全

1941年12月31日深夜。

チャーチルは、カナダ・オタワから米国・ワシントンへと疾駆する特別列車のなかにあった。いよいよ新年を迎えようとするころ、プレス専用車両まで足をはこび、随行のジャーナリストたちに「年頭の所感」をのべた。

「1942年が来ましたね。苦役《くえき》の年——闘争と危険の年、勝利へ大きく一歩前進する年です。無事に名誉をもって、我々すべてがやりとげられますように！」[22]。

しかし、「苦役の年」の前ぶれはすでにあった。チャーチルの「健康不安」がそれだ。

12月27日の朝、ワシントン市内のホテルに宿泊していたモーラン医師に「首相が呼んでいる」という連絡がきた。急いでホワイトハウスに駆けつけると、ベッドに横たわったチャーチルが、「昨夜急に息苦しくなって、心臓のあたりに鈍痛がしてね」と言った。「痛みはまもなく治まったが……、なんだろう？　心臓は大丈夫だろうか」[72]。

聴診器をチャーチルの胸にあてたモーランは懸命に考えをめぐらせた。明らかに、軽度の心臓冠動脈不全《かんどうみゃくふぜん》。

モーランは「チャーチルの心臓が悪いことをじつは知っていた」。しかし、「病人扱いされることなどがまんがならない人間だし、もし本当のことなどうっかり話してしまったら、心身ともにがっくりしてしまうに違いない[77]」。

イギリスの前途がかかった外国訪問の最中には、首相の病状について、誰にも——たとえ本人であっても——告げるべきではないと、主治医のモーランは判断した。

「過労ですよ。血液の循環が、いささか緩慢《かんまん》です。心配ありませんが、当分の間は今以上に活動してはいけません[72]」

結局、年末のアメリカ〜カナダ往復、元日にはホワイトハウスで、大西洋憲章をもとに練りあげた日独伊三国同盟の参加国に対抗する、反枢軸26ヵ国による「連合国協約［The United Nations Pact］」の調印式（米［ルーズヴェルト］、英［チャーチル］、ソ［マクシム・リトヴィノフ駐米大使］、中［国民党政府・宋子文《そうしぶん》外交部長］4ヵ国が出席）など、働きずくめの毎日を過ごすことに。

1月4日に、やっと休養日がとれるようになり、フロリダ州パームビーチへ飛んだ。

＊

1月10日。ルーズヴェルト大統領は、陸海空3軍トップ（ジョージ・マーシャル陸軍参謀総長、アーネスト・キング海軍軍令部総長、ヘンリー・アーノルド陸軍航空軍総司令官）に、真珠湾攻撃に対する報復として、「日本本土空爆作戦」を立案するよう命じた[64,78]。

＊

1月14日。帰国するチャーチル一行を乗せたボーイングクリッパー飛行艇が、ヴァージニア州ノーフォーク海軍基地の埠頭《ふとう》から離水した。

もともとはボーイング社が旅客用に開発したエンジン4基搭載・垂直尾翼3枚の長距離大型飛行艇であり、大西洋横断航路などで運航されていた。ずんぐり太めの胴体の内部は「2階建て」になっていて、4つある客室の豪華なインテリアから「空飛ぶホテル」と呼ばれてもいたが、今は米軍が「徴用《ちょうよう》」している。

チャーチルは当初、バミューダ諸島までボーイング飛行艇で飛び、そこに待機させてある戦艦デューク・オブ・ヨークに移乗して帰国する予定だった。

だが、マレー半島を南下しシンガポールに迫る日本軍の動きに気がもめてしょうがなかったチャーチルとしては、一刻も早くロンドンに戻りたい。

2階のコックピットまで上がっていくと「どうだろう。このままイギリス本土まで飛べるかね?」とたずねた。艇長の米軍大尉は、「バミューダで給油して飛べば20時間で着くことができます」とこたえた。

バミューダでは、同行しているチャールズ・ポータル英空軍参謀総長が、気象観測データをとりよせ米軍大尉とも検討をかさねたうえで飛行続行をきめた。

1月16日、ケリー・ロジャース大尉ら米軍クルーのボーイングクリッパー飛行艇は、イギリス首相一行を、英国南岸プリマス港まで無事に送りとどけた。[†74]

＊

シンガポールは、チャーチルにとって「大誤算」だった。

イギリス領香港の陥落（前年12月24日）よりずいぶん以前に、現地・香港からあった防衛力増強要請についても、「強化した分をひっくるめてすべてを失うぐらいなら、戦争に勝利したあとで取り戻したほうがよい」[†14]と言って却下していた。――たとえ香港が落ちたとしても、その南方を抑えるシンガポールの英軍および英連邦軍の備えは万全なのだから。

日本軍が仏領インドシナ南部に進出してからも、戦艦プリンス・オブ・ウェールズのシンガポール派遣でじゅうぶん対処できると踏んだ。

しかし、もはや大艦巨砲の時代ではないというところまで、チャーチルは見抜くことができていなかった――それは日本軍の首脳も同じではあったが。

プリンス艦と僚艦レパルスの撃沈によって初めて、戦争の勝ち負けを決定づけるのは航空戦力であると、世界じゅうがはっきり覚《さと》ったのだ。

それにチャーチルは、日本軍の航空戦力がこれほど強力だとは思いもしなかった。

シンガポールがいよいよ危なくなってから、要塞の「大半の砲門は海上に向けてしか発射できない」と現地軍から知らせてきたときは啞然《あぜん》となった。それでは、マレー半島の陸側からシンガポール島に迫っている日本軍に対してまったく無防備ではないか。

チャーチルは、モーラン医師にこぼすばかりだった。

「彼らはどうして、このことを教えてくれなかったのかね――いや、いや、それはわたしの落ち度だ。自分で知っておくべきだった。当方から聞くこともできたはずだ。まったくわけがわ

からない」[†72]

1942年［昭和17年］2月15日。シンガポールの英軍・英連邦軍が降伏。捕虜8万5千名。

3月5日。米英蘭豪連合軍（蘭：オランダ、豪：オーストラリア）が防衛するオランダ領東インド（現インドネシア）のバタヴィア（現ジャカルタ）が陥落。

史上初の東京空爆

4月2日。アメリカ西海岸・カリフォルニア州。

日本本土空爆作戦の米機動部隊［航空母艦ホーネット・巡洋艦2隻・駆逐艦3隻］が、サンフランシスコ湾のアラメダ海軍基地から出撃した。

ホーネットの飛行甲板にはノースアメリカンB－25爆撃機16機をずらりと並べたまま、機動部隊はゴールデンゲートブリッジ（1937年完成）をくぐり外洋へ出て、12日にはミッドウェー島北方で、ハワイ・真珠湾基地出撃の空母エンタープライズ、巡洋艦2隻、駆逐艦4隻と合流。

米・陸海空3軍トップが、ルーズヴェルト大統領から「日本本土空爆作戦」を命じられた1月の時点では、中国大陸の国民党軍航空基地から西日本地域への爆撃作戦なら、航続距離上かろうじて可能とされていた。しかし、東京を空爆できなければ《真珠湾の報復》にはならない。

日本軍の哨戒機や監視艇がパトロールする、本土から800キロの警戒ライン付近まで空母で接近し、そこから爆撃機を発進させてはどうか。

けれど、海軍の艦載爆撃機では航続距離がじゅうぶんじゃない。いっぽう、陸軍航空軍には航続距離の長い爆撃機がある。じゃあ、海軍の空母から陸軍の爆撃機を発進させてはどうか、とアイデアが飛躍し、爆撃機は、米陸軍航空軍最新鋭の中型爆撃機・B－25（エンジン2基・垂直尾翼2枚）に決まった。

だが、爆弾と燃料満載のB－25が、空母の飛行甲板の短距離滑走で発進できるのか？

事前に特殊な訓練は必要になろうが、風上に向かって全速前進する空母から発進すれば、それは可能だろう。

もうひとつ問題があった。

空爆後に帰還してきても、B－25のサイズでは空母の格納庫には収まりきらない。発艦はできたとしても、帰艦ができない、いわば「片道飛行」になる。そのままアジア大陸を目指して飛びつづけ、どこかに「緊急避難」的に着陸するしかない。

避難先については、ウラジオストクをソ連に打診したが、これは日ソ中立条約があるからと断られた。あとは日本軍と戦闘中の中国・国民党軍が確保できている飛行場しかない。

攻撃隊は、機長操縦士以下5人クルーの16機で編成。指揮官はジェームズ・ドゥーリトル陸軍中佐。アメリカ大陸を、初めて、12時間以内で横断した米陸軍航空軍のエースパイロット。中尉でいったん退役したが、第2次大戦勃発《ぼっぱつ》とともに現役復帰していた。

2月には、前代未聞の特殊作戦であることは何も知らされずに選抜された攻撃隊員たちへの秘密訓練が開始された。

予定では、ホーネットを発艦したB-25が、4月19日の夜間に、東京、横浜、名古屋、大阪、神戸の5都市を爆撃することになっていた。

だが18日早朝、房総半島東方沖1200キロ付近の海域で、漁船を改装した日本の監視船とあいついで遭遇し、それら5隻を撃沈しなければならなかった。監視船は、沈没する寸前に緊急事態を知らせる無電を発信したはずだ。機動部隊の存在を知られてしまった可能性があるならば、夜間空爆より危険は増大するにしても、B-25をただちに発進させるほかない。

重量いっぱいに、爆弾と予備燃料タンクが装着され、ドゥーリトル指揮官機を先頭にした16機が、駐機スペースに使われたため助走距離が半分になってしまった飛行甲板上を、ぎりぎりまで重い機体を引きずり、海面すれすれで発進していった。

「この作戦には有名な映画監督ジョン・フォードが海軍の撮影隊として参加し、この離艦の模様をフィルムにおさめていた[†78]」

運命のミッドウェー海戦

4月18日。史上初の東京空爆がおこなわれた。

正午過ぎにドゥーリトル中佐機が、隅田川《すみだがわ》の方向から小石川《こいしかわ》・早稲田《わせだ》・新宿《しんじゆく》付近へと、地上150メートルの低空で爆弾投下と機銃掃射。現在の新宿区内の小学校（当時は国民学校）では、「鬼畜の敵、校庭を掃射——避難中の学童一名が死亡［4月19日付『朝日新聞』の見出し[†78]］」。

東京湾を横断して飛来し品川《しながわ》から川崎《かわさき》にかけて投弾したローソン中尉機は横浜付近から東京

湾口へ。13時ごろ、房総半島南部から神奈川上空に侵入したマクロイ中尉機は横須賀《よこすか》軍港を爆撃し改装中の潜水母艦に火災を起こした。

ドゥーリトル空爆による日本側の被害は、「死者約50名、負傷者400名、全壊全焼家屋100余、半壊半焼数十戸」。

空爆後に大陸へ向かったB−25の1機は、ウラジオストクに強行着陸し、乗員・機体ともにソ連に抑留された。

あとの15機は中国沿海部までたどり着いたものの荒天と燃料切れのために、いずれも着陸予定地には到達できず、海上に不時着するか、あるいは搭乗員がパラシュート降下をしたあとに無人の機体を地表に激突させ放棄した。

「我々は（ソ連に抑留された1機を含め）全機を失った。そして隊員80人のうち11人が死亡あるいは捕虜になった」[†78]

捕虜になったのは日本軍支配地域に不時着した8名で、そのうち3名が民間人への機銃掃射などを理由に処刑された。ドゥーリトル中佐ら64名は、国民党軍のサポートを受けて日本軍の追及を逃れ、個々に中国を脱出して米国へ帰還した。

5月19日。ワシントン・ホワイトハウス。

ルーズヴェルト大統領がドゥーリトル准将（2階級特進）に米軍最高位の栄典である議会名誉勲章を授与した。[†68]

日本海軍の山本五十六《やまもといそろく》連合艦隊司令長官は、ドゥーリトル空爆より以前に《ミッドウェー島奪取作戦》を準備していた。ハワイの西方約2千キロのミッドウェー環礁の米海軍基地を撃破占領し、日本によるハワイ諸島攻略の拠点とするのである。

米側のチェスター・ニミッツ太平洋艦隊司令長官は、日本海軍の暗号解読に成功したばかりなので、どっしり構えていた。ひそかに日本軍の先まわりをして、空母ホーネット、エンタープライズ、ヨークタウンを主力とする機動部隊を、ハワイ・真珠湾基地から出撃させることができていたのだから。

1942年［昭和17年］6月5日（日本時間）。

「ニミッツは日本艦隊がミッドウェー島に到達する直前に攻撃を開始した。完全に山本の不意を襲ったその攻撃は、日本の空母全4隻と重巡洋艦1隻、戦艦3隻、航空機372機を破壊し、3千500人の海軍軍人の命を奪った」[†64]

アメリカにとって初めての対日戦勝利であり、日本軍の攻勢を大逆転した《ミッドウェー海戦》であった。

ルーズヴェルトに激怒

1942年2月19日。

チャーチルは内閣を改造し、クレメント・アトリー王爾尚書《おうじしょうしょ》（労働党）を副首相兼自治領相に昇格させ、新たに戦争内閣入りしたスタフォード・クリップス前駐ソ大使を後任王爾尚書にあてた。

3月8日。日本軍が英領ビルマ・ラングーン（現ヤンゴン）を占領。

マレー、シンガポール、インドネシアを失い、フィリピンでは日本軍に追いつめられている英米軍にとって、今や、反撃拠点としてインドが注目されだした。できれば、インド独立を目指すモハンダス・ガンジー、ジャワハルラル・ネルーの国民会議派との自治権交渉も収拾させなければならない。

チャーチルは、ガンジー、ネルーを知るクリップスをインドへ派遣して交渉にあたらせ、ルーズヴェルトもルイス・ジョンソン前陸軍次官を送りこみ現地を視察させた。

4月8日、ルーズヴェルトの使者、ハリー・ホプキンズとマーシャル米陸軍参謀総長が、イギリス政府と「ヨーロッパ第2戦線」問題を協議するために、ロンドンに到着した。

4月10日、インド。

「この戦争が終わりしだい自治政府を認めよう」という英国政府提案を、「今すぐ民族主義政府を！」と要求する国民会議派が拒否。[†74]

4月12日午前1時すぎ。英首相別邸チェカーズ。

チャーチルとホプキンズが、第2戦線について話しこんでいるところへ飛び込んできたルーズヴェルトのメッセージが、チャーチルをかんかんに怒らせることに——。

ルーズヴェルトは数週間前にも、「それぞれの民族を代表するインド暫定政府を考えてはどうですか」と言ってきて、チャーチルはすでにむかっ腹を立てていた。けれども「多民族で構成されるインド軍のなかに混乱が生じますから、それは無理でしょう」といくらか穏便な受けこたえをしていた。[68]

今回、ルーズヴェルトは、「クリップス特使は自治政府ができるまでインドにとどまるべきです」と言ってきた。[64]

その文書をホプキンズに突きつけながらチャーチルは声を荒らげた。

「インドはイギリスの植民地だ。何人《なんびと》も、偉大な友人であるフランクリン・ルーズヴェルトですら、植民地と宗主国の間の複雑な状況の解決法についてイギリスに指図することなどできない」と。

ホプキンズはその場からルーズヴェルトに電話をかけたが、接続が悪く回線はつながらなかった。チャーチルは「罵詈雑言《ばりぞうごん》を吐きながら2時間も部屋の中を歩き回った」。[64]

それですこしは気をしずめたチャーチルは「仰《おっしゃ》るとおりなのはじゅうぶん承知していますが、この重大な時期に民族間の不和に逆戻りしてしまっては、インドを防衛する責任をまっとうできません」と返事を書いた。[74]

ホプキンズは、その深夜チェカーズで起きた一部始終をいつまでも覚えていた。

＊

ところで、「ヨーロッパ第2戦線問題」を最初にもちだしたのはスターリン・ソ連首相である。ヒトラーによるソ連侵攻（1941年6月22日）の直後、チャーチルが送った「支援メッセージ」に対して、スターリンは7月18日付で返書をおくってきた。

「対ヒトラー戦線を北部フランスと北極海に確立できればソ英両国の軍事情勢はかなり好転するはずです。とりわけ北部フランス戦線は、ドイツ軍をヨーロッパ東部戦線から転進させると同時に、ヒトラーのイギリス本土侵攻を不可能にするでしょう」[†14]

そして今や、ソ連領深く攻めこんだドイツ軍に単独で戦いつづけるスターリンの第２戦線に対する「要望」は、むしろ「要求」にまで高まっていた。

チャーチルもルーズヴェルトも、第２戦線をつくることそのものについては同意していた。問題は、その準備に必要な時間である。まずは、徴兵と訓練によって増強した数十万の米軍を大西洋を越えて運ばなければならないのだ。

マーシャルとホプキンズは、アメリカ側の第２戦線案をたずさえていた。

それは、《１９４３年［昭和18年］４月以降の北フランスにおける正面攻撃》、ようするに「英仏海峡横断作戦」。

１年後の１９４３年なら、イギリス側が想定している準備期間をぎりぎりクリアできる。

だから、チャーチルは同意した。「しかしその間、何をなすべきか？　主力部隊が、終始準備に取りかかっているだけということもできない。ここで意見が大きくわかれた」。

アメリカ側は、今年（１９４２年）の初秋になんらかの「海峡横断作戦」を試みるべきだとし、チャーチルは「フランス領北西アフリカ（モロッコ、アルジェリア、チュニジア）への侵入」を考えていた。[†22]

いずれにせよ、協議はまだまだ、つづけなければならない。

ロボットのようなモロトフ

そして5月のある日、またもチェカーズでハプニングがあった。

ゲストのヴャチェスラフ・モロトフ・ソ連邦外務人民委員（外相）のベッドルームで、寝具を取りかえようとしたハウスメイドが、目をまん丸くしたまま固まってしまっていた。持ちあげた枕のしたに、拳銃が、ごろりと置いてあるではないか。

モロトフは、ソ連共産党書記長兼首相のヨシフ・スターリンが諸外国へ送りこむタフ・ネゴシエーター。

英ソ同盟条約のドラフト（草案）をたずさえ訪英してきたが、ロンドンみたいな都会ではなく、できるだけ田舎のほうに滞在したいと望み、チャーチルがチェカーズを提供。

チャーチル自身は、ロンドン・ストーリーズゲートの官邸別館で寝起きしていて、週末にチェカーズでモロトフと合流した。

「モロトフの部屋は護衛の警官が徹底的に捜索し、戸棚、家具、壁、床などがくまなく熟練した目によって調べられた。ベッドには特別の注意が注がれた。凶器が入っていまいかとマットはすべて突っつかれ、シーツと毛布はロシア人がととのえ直した[†22]」。

モロトフはチャーチルとの会談で、第2戦線を早く実現するようプッシュした。

第2戦線については、さまざまに検討をつづけている、しかしスターリンがもっとも興味をしめしているイギリス海峡からフランス海岸に上陸する作戦は、「ドイツが制空権を押さえて

「ロボットのようだ」と評されたモロトフ（写真右、中央はスターリン）

いるかぎり、拙速《せっそく》な実行は危険だ」と、チャーチルはこたえた。

「万一、ソ連が負けてしまったら、イギリスはどうするんですか？」とモロトフ。

「戦いつづけるだけです。アメリカと力を合わせ航空戦力でドイツを圧倒し、最終的な勝利を勝ちとるでしょう」とは、チャーチル。[†74]

5月26日に英ソ同盟条約が締結され、モロトフはそのまま訪米するためにロンドンを出発した。

29日、アメリカ人からみれば「ロボットみたいによそよそしい[†64]」モロトフが、ワシントン・ホワイトハウスに到着し、5ヵ月前にチャーチルが滞在していたローズスイートの客となった。

その日のディナーでモロトフは、東部戦線の戦いでソ連軍が危機にあることを強調し、たびたび「第2戦線へと話題を戻し、アメリカから海峡横断攻撃の明確な約束を取り付けることに固執した」。

ルーズヴェルトはモロトフに、「『我々は今年第2戦線の構築を予定している』とスターリンに伝えるように言った」[†64]。

6月9日、ロンドン経由で帰国するモロトフは、ふたたびチャーチルに会って、ルーズヴェルトの《約束》を披歴《ひれき》した。

米大統領は、今年（1942年）中に米軍がドイツ軍と戦火をまじえる決断をしているようだ。

だが、それは、どのあたりで？　どれほどの規模で？

大統領とは、さしで協議しなければならないことが多々ある、と感じたチャーチルは、二度目のワシントン訪問を決意した。

そのころ、北アフリカ・イタリア領リビアでは、あの《砂漠のキツネ》エルヴィン・ロンメル率いるドイツ・イタリア戦車軍団がふたたび猛威をふるいだし、イギリスの軍事支配下にあるエジプトへの進撃路をふさぐ要所トブルクの英連邦軍に、ぐんぐん迫りつつあった。

マンハッタン計画

1942年［昭和17年］6月18日、夕刻。米国ワシントン・アナコスシア海軍航空基地。

ポトマック川の水面になめらかに着水した、米軍のボーイングクリッパー飛行艇から、チャーチル英首相の一行が降りたった。

チャーチルが、1月に訪米から帰国する際に乗って以来すっかり信頼をよせていた、同じ米軍飛行艇と米軍艇長を今回もアレンジしてもらった。スコットランド・ストランラー港から27時間のフライトだった。

この日はワシントンのイギリス大使館に宿泊し、翌朝、ルーズヴェルト私邸のあるニューヨーク州ハイドパークへ向けて米海軍機で飛んだ。

地元のニューハッケンサック飛行場には、首相を出迎えるために、大統領みずからフォード社の特別仕様車を運転してやってきた。足の不自由なルーズヴェルトが、ブレーキやアクセルのペダルを踏むことなく、手で操作するレバーによって発進し停止できるようになっている。

ルーズヴェルト邸はハドソン川を見おろす断崖のうえにあった。大統領は広大な敷地の周辺をあちこちドライブし首相を案内した。ルーズヴェルトは警護の「シークレットサービスを出し抜こうと、少年のように熱中して車を前や後ろに急発進させた」。

チャーチルは、「実を言うと、何度か車がハドソン川の断崖の縁の草地で止まり、後退したとき、機械装置やブレーキが故障しないようにと願ったのであった[†22]」。

ハイドパークではまず、コードネームを《チューブ合金》という原爆開発問題を話し合った。アメリカとイギリスはそれまで、核兵器の開発研究をべつべつにおこなってきたが、今や「我々より先に敵が原子爆弾を持ったとしたら、いったいどうなるか?」という恐れに直面していた。そもそも原子力開発ではドイツが先行していたわけだが、この際《米英一体化》しては、どうだろうか。それから、開発施設はどちらに置くか。「爆撃と絶え間ない敵の空中偵察にさらされている」イギリスでは危険すぎる[†22]。

ルーズヴェルトは「合衆国がこれをやらねば」と引き受けて、2ヵ月後には核兵器開発の《マンハッタン計画》がスタートすることになる。

そして、第2戦線問題では、《1942年の海峡横断》に関するチャーチルの懸念は消えず、「《フランス領北西アフリカ侵攻》を研究すべきでしょう」とルーズヴェルトに告げた。

6月20日夜、ルーズヴェルトとチャーチルは大統領専用列車でハイドパークを出発し、翌朝8時過ぎにワシントン到着。

まさかのときの友こそ、真の友である

ホワイトハウスでは、《定宿》のローズスイートに入った。朝刊と電報に目を通し朝食をとってから、ヘイスティング・イズメイ首相付参謀長をともない、廊下の向かい側のホプキンズ大統領顧問の部屋へ行き、3人で大統領執務室を訪ねた。

「彼らがちょうど腰かけたとき、秘書のひとりが大統領に電報を渡した[†64]」。大統領は「一言も言わずにそれを私（チャーチル）に回した[†22]」。

電報には「トブルク陥落、捕虜2万5千」とあったが、チャーチルにはとても信じられなかった。イズメイ参謀長にロンドンへ電話するよう指示した。

状況は、結局、電報のとおりだった。

チャーチルは自著のなかでふりかえる。

「シンガポールでは8万5千名の兵が数に劣る日本軍に降服した。今また2万5千（実際は3

万3千だったと後から判明した）の鍛えられた守備隊が恐らく半数の敵に武器を捨てたのである。

私は自分の受けた衝撃を大統領に隠そうとはしなかった。それはつらい瞬間であった[†22]」

チャーチルは、ただ、ただ、恥ずかしさで身震いする思いだった。

「敗北と不名誉とはわけが違う」[†64]Ⓚのだから。

だれも、なにも言わない時間が、ようやく過ぎた。

ルーズヴェルト「どうしたら助けてあげられますか？」。

チャーチル「できるだけ多くのシャーマン戦車（米陸軍の最新鋭戦車）をください、そしてそれをできるだけ早く中東に送ってください[†22]」。

ルーズヴェルトは、すぐさまマーシャル陸軍参謀総長を呼び、米軍に配備する予定のシャーマン戦車を英軍にまわすよう指示した。

チャーチルは感きわまった。

「まさかのときの友こそ、真の友である」[†22]Ⓛと。

もちろん、それで収まりがつくとはいかなかった。

翌日、チャーチルが大統領とランチをとっているところへ届けられたニューヨークの新聞に「英軍の北アフリカ敗退で、チャーチル内閣大ピンチ！[†74]」のタイトルがおどっていて、チャーチルが帰国すると、ほんとうに内閣不信任案が議会に提出された。

ヒトラーと固い握手をするロンメル

第6章

「ロンメル！　ロンメル！ロンメル！　ロンメル！」

砂漠のキツネ

1941年［昭和16年］2月6日。ドイツ・アフリカ軍総司令官エルヴィン・ロンメルが、北アフリカ・イタリア領リビア西部の主要都市トリポリに乗りこんで来た。

リビアのイタリア軍は、前年、東に隣接するエジプト領まで侵攻したものの、イギリス軍と英連邦自治領軍の巻きかえしにあい、今では逆にリビア東部を奪われ西部のトリポリまで退却させられていた。

イタリアのムッソリーニはドイツに救援を求め、イタリアにこれ以上「足をひっぱられたくない」ヒトラーが、さし向けてきた《援軍》がロンメルだ。

ロンメルは1891年、南ドイツの小さな町ハイデンハイムで生まれ、18歳で陸軍に志願。士官として戦った第1次世界大戦では三度負傷し、1918年の休戦は大尉でむかえた。戦後も陸軍にのこることができ、士官学校教官をつとめたりしたものの、さっぱり昇進せず1933年に大尉から少佐になるまで15年もかかった。

1937年には、士官学校時代に講義に使ったみずからの実戦体験集を『歩兵攻撃』のタイトルで出版。それに注目したヒトラー（第1次大戦に下士官で従軍）がロンメルを総統護衛大隊長に抜擢《ばってき》し、第2次大戦開戦時には少将にランクアップしていた。

1940年5月のドイツ西部国境越え電撃戦で、ベルギーからフランスへ侵攻するロンメルの第7機甲師団は、いつの間にか英仏軍の防衛線をすり抜けてしまう猛スピードゆえに、

《幽霊師団《ゴースト》》と呼ばれていた。今やリビアでは、イギリス軍が「砂漠戦のシロウトにやられてなるもんか」と、手ぐすね引いて「ゴースト」を待ちうけていた。

けれどロンメルは、《偽装戦車》や《砂ぼこり作戦》のトリックまで用いる迂回・包囲戦術を駆使して、あっという間にリビア東部まで反攻した。

いいように翻弄されつづけた英軍兵士たちは、「あの神出鬼没ぶりは《砂漠のキツネ》」とゲンナリさせられていた。

自軍の不甲斐なさに業を煮やしたチャーチルは、イギリス中東軍総司令官アーチボルド・ウェーヴェルをクロード・オーキンレック将軍と交代させるいっぽうで、特別奇襲隊《コマンド》の編成と訓練を英国本土でおこなうよう指示した。

「北アフリカにおけるドイツ軍の頭脳を無力化させなくてはならない。ロンメルを殺すか捕えるのだ」[†79]と。

チャーチルもはまった落とし穴

11月のある夜。リビア東部・ベダリットリアに近い砂丘海岸。

暴風雨で荒れまくる沖合に英海軍潜水艦が浮上。野戦服を着用し顔は黒くぬりつぶした男たちが、ゴムボートを高波で転覆させられそうになりながら上陸した。

男たちの正体は、ジョフリー・キーズ陸軍中佐指揮のコマンド隊。イギリス秘密情報部（SIS）がもたらした情報にもとづいて、ロンメルをターゲットとする奇襲にやって来た。

ＳＩＳにはアラブ人情報員から、「その所在をベダリットリアにつきとめた司令部でロンメルを見た」との通報があった。証拠として、「司令部の建物やそこに掲げられた《司令官》《参謀長》などの標示札の写真」が提供されていた。

11月17日・深夜0時過ぎ。土砂降り雨の闇にひそんでいたコマンド隊は、短機関銃を掃射しながら司令部を急襲した。キーズ中佐は2発の手榴弾でドイツ兵を吹き飛ばした。しかし、そのあとの至近銃撃戦。中佐とサブリーダーの大尉がドイツ側の銃弾を浴びて倒され、奇襲作戦はあっけなく幕を閉じた。もちろん、ターゲットを捕捉するどころではなかった。[†79]

チャーチルは、この「襲撃失敗」を回想録にさらっと書く。

「真夜中にコマンド隊が司令部に突入しドイツ兵を射殺。だが、ロンメルはそこにいなかった。暗闇のなかの接近戦でキーズ中佐は死亡し、のちにヴィクトリア十字勲章が贈られた[†53]」

けれど、そこはロンメルの司令部なんかではなく、ただの補給基地にすぎなかった。チャーチルもＳＩＳも、《フェイク情報》の落とし穴にはまっていた。

「ロンメルはベダリットリアにときたま姿を見せたが、そこで夜をすごしたことは一度もなかった。アラブ人たちは昼間そこでロンメルの姿を見かけたか、さもなくば彼を誰かと取り違えてしまったかだった」のだから。[†80]

このエピソードには続きがある。

じつはそのとき、ロンメルはリビアにはいなかったのだ。

ソ連戦線の手当てに追われるドイツ軍上層部は、エジプト侵攻を窺《うかが》おうとするロンメルの進撃に「待った」をかけていた。腹をたてたロンメルはイタリアまで飛んで行き、ベルリンの参謀本部とやりあう電話を、ローマからかけまくっている最中だった。

＊

1942年［昭和17年］6月。

リビア東部のイギリス軍最重要拠点の港湾都市・トブルクをめぐる攻防戦がいよいよクライマックスに向かう。トブルクを奪ってエジプト国境まで突っ走りたいロンメル軍は9万の兵と戦車600両。迎え撃つオーキンレック将軍のイギリス軍・英連邦軍は兵力10万とロンメル軍の倍に近い数の戦車群。

8ヵ月にわたり一進一退をくりかえしてきた両軍であったが、6月17日、二度目のワシントン訪問に出発するチャーチルから、「トブルクはいかなる犠牲を払おうと、断固死守しなければならない」との指令がオーキンレック宛てにとどいた。[†81]

6月20日、ドイツ・イタリア空軍の爆撃機がいっせいにトブルク一帯を空爆。すかさず押し寄せたロンメル軍の砲撃と戦車部隊に圧倒されて、トブルクはとうとう陥落した。

イギリス軍・英連邦軍からは3万3千人が投降していた。

「6月21日早朝5時、ロンメルは自分の戦隊の先頭に立ってトブルクに入城した。そこは廃墟であった。満足な建物はほとんど残っていない。港湾施設と道路はひどかった。港には多くの船が沈んでいた[†79]」

ヒトラーは、エジプトへと越境して英軍を追撃中のロンメルを陸軍元帥に昇進させた。

ムッソリーニはおおいに気をよくして「リビアまで飛んで行き、戦勝パレードをおこなった。白馬にまたがり、拳骨《げんこつ》を振りかざして、エジプトは遠からずイタリア帝国の領土になるであろうとぶちまくった」[†77]。

内閣不信任案

6月25日。チャーチルは、訪米から帰国するためワシントンを発った。

同日、イギリスでは下院の補欠選挙があり、挙国政権《ナショナルガバメント》の核心である保守党の候補が、「極小零細野党」にすぎない独立労働党の候補に惨敗した。チャーチルがロンドンに帰着すると、今度は政府外の与党議員たちが内閣不信任案をつきつけてきた。

マレー、シンガポール、リビアとイギリス軍が敗れつづけたのは、内閣の戦争指導がなってないから。首相が国防相を兼任する「チャーチル集中」には、どだい無理がある、と。

保守党のベテラン議員から出された不信任案に、同じ保守党の元閣僚らが同調した。与党陣営・労働党の一員ながら、チャーチルより23歳年少の《宿敵》、アナイアリン・ベヴァン下院議員はいつもどおりに辛辣《しんらつ》だった。

「首相は議会のディベートに勝つばかりで、戦場ではことごとく負けている。戦争みたいにディベートをし、ディベートみたいに戦争をするのを、いつまで続けようというのか」[†82]

チャーチルはチャーチルで、しゃあしゃあと言ってのけた。

「政府による強力なバックアップがなければ、戦場の将軍たちは危険を避けようとします。そ

れに、議会は政府をささえるべきでしょう。自分たちが選んだ政府なのですから」と。[†83]

そして、「下院の義務は政府を支持すること、さもなくば政府を変えることです。変えることができないなら、支持すべきです。戦時においては中途半端な方法をすることができないのです」と突っぱねた。[†22]

ディベートは２日間にわたり、採決では40名が棄権し、475票対25票で内閣不信任案は否決されたが、「戦時に不信任動議を提出するのは第１次大戦中にもなかったことであった。チャーチルは勝利を得るのに焦らねばならなかった」。[†2]

だが、そのときすでにイギリス軍は、カイロの西北250キロに位置するエル・アラメインまで後退していた。勢いにのったロンメル軍によって、一気にカイロ、そしてスエズ運河まで制圧されてしまったら、とんでもないことになる。

７月18日には、米国からハリー・ホプキンズがマーシャル陸軍参謀総長とキング海軍軍令部総長を同道して、ふたたびロンドンへやってきた。

チャーチル訪米時には、リビア情勢の悪化があって結論をだせていなかった《第２戦線》問題で、イギリス側と最終協議をするのである。

《第２戦線》とは、ドイツ軍がソ連領内、深く食いこんでいる東部戦線を《第１》とした場合に、連合国軍が他方面から攻勢をかけ、ナチスドイツを「はさみ撃ち」にする作戦。

戦局を大きく動かすキーは、アメリカ地上軍がはじめて投入されること。ただし、大西洋越えでやってくる10万人規模の米軍は新兵を含んでいるばかりか、実戦経験にとぼしい戦力とみたほうがよい。

作戦の発動地については、米英ソ3首脳それぞれで考えが違っていた。英米の出方をじりじり待つばかりのスターリンは、ドイツ本国へのダメージがもっとも大きいであろう《英仏海峡横断・フランス侵攻作戦》を早くッ！　だ。ルーズヴェルトにしてみれば、《ヨーロッパ大陸反攻》であれ、《フランス領北西アフリカ侵攻》であれ、11月の米国中間選挙以前に敢行しなければ意味がない。

スエズ運河をドイツ、イタリアに占領されるようなことがあってはならないと焦るチャーチルは、エジプトからロンメル軍を押しかえして挟撃するためにも、《フランス領北西アフリカ侵攻》をプッシュ。

1週間におよんだ英米協議は、第2戦線とはべつに、「10月30日以前に北アフリカへ上陸する計画――コードネーム『たいまつ作戦』を直ちに進めること[†22]」で決着した。

エジプトへ飛ぶ

8月2日・日曜日の深夜。

チャーチルは、ロンドン西方のライナム空軍基地を飛びたったB－24リベレイター機（米コンソリデーテッド社製）の機中に、主治医モーラン卿とともにあった。戦闘域上空を飛ぶこともある今度の旅では、アメリカから飛来したばかりのこの大型爆撃機を、機長パイロット以下全員が米軍クルーのまま使用する。

爆弾ラックを取りはらったあと、キャビンの隔壁《かくへき》には棚がとりつけられた。チャーチルとモーラン用のベッドだ。真夏ではあっても深夜の上空は冷えこみがきびしく「カミソリの刃のように冷たい風が隙間から吹きこんできた」[†22]。

首相と主治医は「棚のベッド」で、寝袋《スリーピングバッグ》に入り毛布にくるまって眠った。

スペイン南端から突き出るような地形で、地中海から大西洋への出入り口にあたる、英領ジブラルタルにいったん降りた。夕刻を待ってから再離陸し、戦闘機4機の護衛がついた。日没後、戦闘機隊がUターン。リベレイター機は2日連続の夜間飛行ののちに、8月4日の朝、エジプト・カイロに着いた。

チャーチルは、早速、首相兼国防相の「指揮権」をふるう。イギリス中東軍のリーダーシップをどうするか。すでに、胸の内はかたまっていた。カイロの英国大使館では、中東駐在国務相、チャーチル同行の英陸軍参謀総長らと会議をひらき、エル・アラメインなど砂漠の前線を視察した。その間も、アトリー副首相が留守をあずかるロンドンの戦争内閣との協議はつづけていた。

そうしておいて、チャーチルは人事を押しとおした。

オーキンレックは解任。後任の中東軍総司令官はハロルド・アレキサンダー将軍。実戦の指揮をとる第8軍司令官には、バーナード・モントゴメリー中将。

「私は今やオーキンレック将軍に解任を告げなくてはならなかった」。そして、「この種の不愉快なことは口頭よりも書面によるほうがよいのを学んでいた[†22]」チャーチルだったから、軍事補佐官のイアン・ジェイコブ大佐に手紙をもたせて、空路オーキンレックの司令部まで行かせた。役目を終えたジェイコブが大使館に帰ってきて報告した、そのあとだ。

部屋のなかを行ったり来たりしながら、チャーチルは叫んでいた。

「ロンメル！　ロンメル！　ロンメル！　ロンメル！　奴を叩きのめす以外、何の問題があるのか」[†25]Ⓜ

「この陰気で邪悪なボルシェヴィキ国」

８月10日夜。チャーチルのリベレイター機はカイロを飛びたつ。東北東に針路をとり、数時間のフライトののちに夜明けをむかえた。近くにはクルディスタン山地がみえて天気は上々。コックピットに入っていったチャーチルが機長の隣にすわる。

機長とはしばらく飛行高度の話をした。やがて、目的地が近づいてきて下降が始まった。すでに地上近くまで降りている。高度計に目をやると１５００メートルを示していた。

「今度離陸する前に、高度計を調整しておいたほうがいいよ」とチャーチル。機長の米軍大尉はこたえた。「いいえ、これで正常です。ここの飛行場は海抜１３００メートルを超えているのですから」と。

イラン・テヘランがそんな高地にあることを、チャーチルは初めて知った。

その日、チャーチルはテヘランのイギリス公使館で宿泊し、翌朝、北を目指したリベレイター機は、カスピ海上空でソ連領に入った。

「私はこの陰気で邪悪なボルシェヴィキ（共産主義）国への使命にあれこれと思いをめぐらした。かつてはこの国の誕生に当たって、これを絞《し》め殺すことに懸命に努力したし、ヒトラーが出現するまでは、文明化した自由の不倶戴天《ふぐたいてん》の敵とみていたのだ。今彼らに何を言うのが私の義務だろう？」[†22]

チャーチルの言う「この陰気で邪悪なボルシェヴィキ国」を恐怖政治で支配しているのがヨシフ・スターリン。

1939年の第18回ソ連共産党大会で、スターリンは「《旧レーニン党》の幹部の大半を一掃」。前回党大会の「代議員1966人中1108人が逮捕され、うち848人が銃殺された。1936年～37年に任命された州の党委第1書記の全員、軍将校の4分の1が銃殺」。犠牲者がもっとも多かった一般市民については、「1937年～38年の逮捕者は合計150万人、うち68万1千人が銃殺。1934年～41年の逮捕者は1850万人、うち銃殺100万人」とされていた。[†84]

チャーチルはこれから、「ソ連軍の負担を軽減する第2戦線は今年中にはつくれない」と告げに行く。スターリンの不機嫌は今から目に見えているのだが、何としても彼を言いくるめなければならない。

〝食えない相手〟同士

8月12日。モスクワ近郊のチカロフ空港。

午後5時をすぎてB－24リベレイター機が着陸し、エイヴァレル・ハリマン米大統領特使とともに降りたったウィンストン・チャーチル英首相を、モロトフ・ソ連外相が出迎えた。チャーチルは訪ソ前に、アメリカの鉄道会社オーナーであり、前年10月の「米英ソ・モスクワ軍需供給会議」でアメリカ代表をつとめたハリマンの派遣を、ルーズヴェルト大統領にオファーしてあった。

ヒザを伸ばしたままスネで空《くう》を蹴《け》り上げるようなグーステップで分列行進をする赤軍《せきぐん》（ソ連軍）儀仗兵《ぎじょうへい》の閲兵《えっぺい》。軍楽隊による英米ソ3国国歌の吹奏。チャーチルとハリマン、それぞれのスピーチ。

式典が終わると、アメリカ大使館に向かうハリマンとは別行動のチャーチル一行は、ぶ厚い防弾ガラスのVIP専用車をアレンジされ、フルスピードでモスクワの市街地を走り抜けると、空港とは反対側の郊外にある《国有別荘《ヴィラ》第7号》に到着した。

主治医のモーランが、わりあてられた部屋に入り「オーバーをぬいでいると、2階から大声が聞こえてきた。2段飛びに階段をかけのぼってみたら、ウィンストンが大きな浴槽につかったまま、ぶるぶる震えながらどなり散らしているではないか。『これじゃ水だ。お湯の蛇口がどっちだかわからん』」。

モーランだって《蛇口のロシア方式》がわかるわけはない。周囲には他に誰もいない。

「一か八かで片方の栓をひねってみる。轟然《ごうぜん》と氷のような水が吹きだし、首相を不意打ちにした。ウィンストンは大きな悲鳴をあげた。ひと息つくと、今度はわたしの無能ぶりをこきおろす。わたしは助けを呼びに飛んでいった」

チャーチル、スターリン、ハリマン――狸の化かし合い

スターリンとの《初手合《はつてあ》わせ》を前に、チャーチルは神経を高ぶらせているな、とモーランには感じられた。[†72]

チャーチルとスターリン。じつは、《食えない相手》同士ではある。

チャーチルが、独ソ開戦の日（前年6月22日）にすばやく出したソ連支援メッセージについても、ほんとうは援助なんか二の次であって、メッセージ効果だけで「ソ連の一時的な抗戦力を高めようとした。たとえるならばチャーチルは死《し》に体《たい》のソ連に《カンフル剤》を投与しようとした」という見方も。

スターリンのほうでは、「イギリスはソビエト・コミュニズムとドイツ・ナチズムが死に至るまで血を流しあうのを傍観する」つもりで、軍事支援などは「ソ連の戦線離脱を防止しようとしているだけ」と疑《うたぐ》ってかかっていた。[†54]

もっとも、独ソ開戦直後のスターリンは違っていた。

ヒトラーに裏切られるとは、ゆめ思いもしなかった彼は、「ドイツ軍が前線の至る所でソ連軍を攻撃していると知らされると、もう一度ドイツ大使館に確認するよう命じた。この後、開戦が事実だと確認されると、彼はショックを受け、しばらく陣頭指揮をとろうとしなかった」。

国民に対ドイツ開戦を告げるラジオ放送はモロトフ外相に押しつけて、自分はモスクワ郊外4ヵ所に所有している別邸のひとつに引きこもってしまう。

1週間が過ぎてもクレムリンの執務室に出てこないスターリンと面会するために、政府と党の幹部6人が別邸を訪れると、「彼は訝《いぶか》しげな面持ちで『何のために来たのか』と尋ね、見るからに不安を鎮《しず》めようとした」。

恐怖政治に対する《逆噴射》を絶えず恐れていたのだろうか。「自分を逮捕しに来たのか？」と、スターリンは、一瞬、思ったのかもしれない。側近たちが初めて目撃した独裁者の「脅《おび》え」だった。しかし、立ち直ったスターリンは二度と「弱気」をみせなかった。[†85]

ソ連がドイツ軍の主力を、一手に引き受けさせられていることへの憤りもあった。

《第2戦線》問題にこたえようとしないチャーチルは、「『100パーセント帝国主義者』『ナンバーワンの敵』『交渉ではフライパンで鮒《ふな》を揚げるように料理してくれる』などと側近たちに息巻く[†84]」ことも。

クレムリンの言い合い

8月12日午後7時。灯火管制下のクレムリン宮・ソ連共産党本部書記長執務室。

チャーチル（67歳）とスターリン（63歳）が初めて言葉をかわすのを、ハリマン米大統領特使が見つめている。

スターリンは、グレーの折《お》り返《かえ》し襟《えり》の質素なジャケットの上からベルトを締め、ズボンは革ブーツのなかにたくしこんである。髪と口ひげには、10ヵ月前にくらべ白いものがふえているな、とハリマンは感じていた。

チャーチルは、のっけから「フランス本土反攻で《第2戦線》をこしらえる作戦は、今年はやれない」とぶつけて、それができない理由をずらずら並べていった。

スターリンは、ぶすっとした表情であらぬ方に目をそらしていたが、通訳がおわるのを待って挑みかかるように言葉をかえした。

「リスクをとれないようでは、戦争に勝てるもんですか。ドイツ軍をそんなに怖がっているとは驚きですな[†32]」

チャーチルは、かまわずつづける。

「フランスばかりが第2戦線じゃあない。すでにアメリカと決めた作戦をあなたに伝える権限を、私は、ルーズヴェルト大統領から与えられている。いいですか、ぜったいに秘密ですよ」

「その秘密がイギリスの新聞に洩《も》れないように願いますな」と、スターリンは初めて仏頂面《ぶっちょうづら》をくずした[†83]。

そして、チャーチルが《たいまつ作戦》を説明しだすと身をのりだしてきて、「その作戦なら、ロンメルを背後から衝《つ》ける。イタリアを全面的に戦争の矢おもてに立たせもするだろう」†21と、まるで、チャーチルの言いたいことを先取りするかのよう。

けれども、翌日はまた振り出しに戻ってしまったから、チャーチルは面白くない。

「スターリンはふんぞり返ってパイプを吹かし、目をなかば閉じて、侮辱的《ぶじよくてき》な言辞《げんじ》を吐《は》いては、我々が第2戦線の約束を破ったというんだ」

それどころか、「ソ連向けの米国のレンドリース（武器貸与）物資を英国が横盗りしている」と非難しだした。

それまで成り行きをみていたハリマンが、「これは挑発！　モスクワ会議でも同じような場面あり！」と書いたメモをさっと手渡してきた。

チャーチルはテーブルをたたきながら、「イギリス人もアメリカ人も臆病なんかじゃない！いつだって勇気をふるっている！」と早口でまくしたてる。

「口だけなら何とでも言える。問題は腹《はら》の中《うち》！」と、スターリンも負けてはいない。

言い合いがおさまったときはすでに深夜。チャーチルは、クレムリン宮のなかをずんずん歩きながら、壁に摩擦マッチをこすりつけて火をつけたシガーをふりふり、立ち去った。

帰りの車のなかでも「いったい何をしに来たのだろうか。スターリンとはもう会わずにロンドンへ帰ってしまおうか」と、ぷりぷり怒りつづけた。

もちろん、そのまま帰国しはしなかった。スターリンの招待に応じて「全体主義的豪勢さ」たっぷりのパーティーを楽しみ、その合間にもまたひとしきり舌戦を繰り広げ、あらためて別

れを告げに訪れた際は、深夜にクレムリン内の《スターリン邸》にまで案内され娘のスベトラーナに引き合わされた。[†35]

チャーチルは、8月16日早朝、B‐24リベレイター機でモスクワを出発した。スターリンには、第2戦線はないという「にがい丸薬《がんやく》をのみ込ませて」[†22]。

チャーチルが帰ったあとスターリンは、「対ヒトラー単独講和」をさぐる。

ドイツとの接触をスターリンに命令された外務次官（前駐独大使）が、ドイツ外務省幹部とスウェーデン・ストックホルムで極秘会談をおこない、「ソ連側は独ソ不可侵条約の秘密合意で獲得した西ベラルーシと西ウクライナをドイツに、ベッサラビアをルーマニアにそれぞれ引き渡す——などの大幅譲歩案を提示[†84]」していた。

けれど、ヒトラーが返事をよこすことはなかった。

エンド・オブ・ザ・ビギニング

1942年〔昭和17年〕8月16日。

モスクワから南下するチャーチルのB‐24リベレイター機が、カスピ海上空をフライトしていたころ、ドイツ・アフリカ軍総司令官エルヴィン・ロンメルは、エジプトの砂漠を見わたす指揮車両のなかで、ある決断をしようとしていた。

リビア東部・トブルクから、イギリス軍を追撃して国境越えをしたロンメル軍が、エジプト・エル・アラメイン西方に到達してからすでに6週間が経過した。

「石ころだらけの砂漠、水のない荒野。たまに貧相なラクダいばらのはえた砂地」と地中海にかこまれたエル・アラメインは、海岸沿いに敷設された鉄道の駅があるだけの僻村《へきそん》にすぎなかった。それが今では、地中海をバックに前面を陣地と地雷原でかためる、イギリス軍の強力防衛拠点にさま変わり。

補給ラインが遥か後方のリビア東部まで延びきったロンメル軍と、100キロ東方の港湾都市アレキサンドリアと鉄路でつながるイギリス軍とでは、戦力の差が広がるばかりだ。

両陣営の「兵力比は3対1。もちろんイギリス軍が3である。空軍勢力では5対1」と、いずれもロンメル軍が圧倒されている。[†79]

ロンメルは、それでも、攻撃にでる決断をした。このままではいずれ燃料不足におちいり退却すらままならなくなるのだから。

8月30〜31日の深夜、攻撃開始。

ところが、エル・アラメイン東南の「アラムハルファ高地に接近したドイツ軍戦車と自動車化歩兵部隊は地雷原につかまり、激しい爆撃にさらされた」。さらに対戦車砲によって「次々と死傷者が出て、ロンメルはやむなく50両の戦車と400台のトラックを残して退却した[†86]」。

ロンメルは、部隊をエル・アラメイン西方の丘陵地帯まで後退させ、前線には地雷原を「ぶ厚く」構築。ところが9月末には、オーストリア・ウィーンへ飛んで、肝臓疾患の治療と休養にあてねばならない事態になった。

10月23日、ロンメル不在のエル・アラメインで、英モントゴメリー軍の大攻勢が始まった。

ドイツ軍陣地と地雷原に砲撃と空爆を集中させ、工兵隊が地雷除去を確認したあとの「通路」を、戦車と歩兵部隊が突進してきた。

ヒトラーの帰任命令をうけたロンメルは、専用機でクレタ島を経由して北アフリカへ飛び、25日には前線に戻っていた。

11月に入っても、「モントゴメリーの歩兵は次から次へと突撃をかけ、砲兵は休むことなく砲撃をつづけた。それに空軍。彼らは夜も昼も戦線上空にあった」[†79]。

11月4日、「エル・アラメインの戦い」は終息をむかえた。

＊

そして、11月10日。シティ・オブ・ロンドン市長[注19]の就任披露午餐会《ランチョン》。

毎年恒例の首相スピーチに立ったチャーチルの声が軽《かろ》やかに響きわたる。

「勝ちました。素晴らしい勝利です。アレキサンダー将軍（拍手）、とモントゴメリー将軍（拍手）が、みごとに勝利しました。ロンメル軍は総崩れです。戦闘集団としては壊滅したも同然でしょう。

けれども、これで終わりではありません。終わりが始まって《ザ・ビギニング・オブ・ジ・エンド》もいないのです。それでも、始まりの終わり《ジ・エンド・オブ・ザ・ビギニング》とは言えましょう（笑い声と拍手）」[†87] Ⓝ

＊

注19　ロンドンの歴史的中心地である金融街、通称「シティ」の自治行政トップ。1年任期で再任はない。

11月8日――すでに、「たいまつ作戦」が発動されていた。

ドワイト・アイゼンハワー中将（ルーズヴェルトの2代後の第34代米大統領）指揮のアメリカ・イギリス連合軍は、モロッコ・カサブランカ（兵力2万5千）、アルジェリア・アルジェ（同3万9千）、同オラン（同4万3千）に、8日から11日にかけて上陸作戦をおこなっていた。

米英軍は、仏ヴィシー政府軍による若干の抵抗を退け、アルジェリアの東隣チュニジアへと進撃。英モントゴメリー軍の追撃をうけて、リビア西部（チュニジアの東隣）まで退却してきた独伊ロンメル軍への《サンドイッチ攻撃》を仕掛けるのである。

カサブランカ会談

1943年［昭和18年］1月14日。

ルーズヴェルト大統領と米陸海軍首脳たちが搭乗するダグラスC－54・米軍輸送機が、西アフリカの英領ガンビアから、仏領モロッコ・カサブランカに飛来した。

ルーズヴェルトは、1月10日、「チャーチルお気に入り」のボーイングクリッパー米軍飛行艇で米フロリダ州マイアミを出発。英領トリニダード島経由で、ブラジル・ベレンから大西洋を横断し、ガンビア、カサブランカまで5日間かけるフライト。

ルーズヴェルトは、第1次世界大戦の休戦から25年目にアメリカ地上軍を海外へ派遣したわけだが、アメリカ史上最初に空路で海外へ出る大統領。また、初のアフリカ訪問でもあり、「なにより、エイブラハム・リンカーン以来初めて戦地で兵士たちを激励する」大統領なのである。警備《セキュリティ》と広報《パブリシティ》には万全を期さなければならない。

ワシントンを出る際には、「財務省印刷局近くの引込線に専用列車が待機。大統領が乗りこむと列車は北上し、ニューヨーク州ハイドパークの大統領私邸へ向かうと見せかける。けれども、バルティモアでUターンしてフロリダ州マイアミを目指す」カムフラージュもあった。[†68]

これは、後からわかったのだが、ドイツ側は、暗号解読によって「カサブランカ会談」のことを知っていた。

けれども、「運よく『カサブランカ』（ポルトガル語で『白い家』の意味）はモロッコの都市ではなく、字義通り『ホワイトハウス』と訳されたため、ヒトラーは会談の場所がワシントンだと思った」[†64]のだった。

チャーチルは英軍首脳たちを伴い2日前に先着していた。

戦闘中の米英連合国軍からは、アイゼンハワー将軍、アレキサンダー将軍らが駆けつけた。

カサブランカ会談のメインテーマは、今後の戦略をどうするかだ。

連合国軍の北アフリカ上陸に反発したヒトラーは、すでに、ドイツ軍10万をチュニジアに増派するとともに、フランス本土の「ヴィシー政府領域」を侵犯し占領していた。

今、チュニジアの連合軍には北アフリカの自由フランス軍もくわわり、独伊軍と激しい戦闘をくりひろげている。

連合国軍参謀会議では、「チュニジアの次はどこか？」の議論が展開された。

アメリカ側は、英仏海峡を横断する《フランス本土上陸作戦》にこだわるようになっていた。

イギリス側は、まだ準備不足で危険すぎるからという、従来からの《海峡横断反対》の理由を変えようとはしなかった。

激論は4日間におよんだ。

結局、フランス本土ではなく、地中海を挟《はさ》んでチュニジアからはそんなに距離のない対岸のイタリア・シチリア島に侵攻する、イギリス案でおさまりがついた。

ルーズヴェルトは、「ジョージ・パットン少将の案内で、1日がかりの視察に出発した」。視察先の歩兵師団で「無蓋《むがい》のジープにゆったりと座って」巡回していると、「一人の兵士が『うそだろ。おやじさん本人だぜ！』と言ったのが聞こえて大統領は大声で笑った」†64。

会談が終了したカサブランカには、ジャーナリスト50人が招集されていた。

まず、旧ヴィシー政府軍を代表するアンリ・ジロー大将と、自由フランス軍を率いるシャルル・ド・ゴール准将の《和解》を演出する記念撮影。

けれども、フランスの2将軍がたち去ったあとの記者会見でハプニングが起きた。

いきなり、ルーズヴェルトが「連合国はファシストに無条件降伏を要求します。ドイツも、日本も、イタリアも、ヴェルサイユ条約のときのようには和平会議に出席させません」と発言しだしたのだ。不意を突かれたチャーチルは、その場では何食わぬ顔をよそおっていたが、記者会見のあとでハリマン米大統領特使に、「事前になんの相談もなくあんな公表の仕方をするのはひどいじゃないか」と怒りをぶちまけた。

ハリマンによれば、チャーチルがルーズヴェルトに対して「腹を立てることは以前にもあっ

たが、このときは、いっそう激しかった」という。[†57]

＊

2月2日。ソ連・スターリングラード（現ヴォルゴグラード）をめぐり5ヵ月におよんだ攻防戦のすえにドイツ軍が降伏。

2月7日。西太平洋の日本軍がソロモン諸島のガダルカナル島から撤退。兵力3万強の日本軍のうち、撤退できたのは、ほぼ1万。戦死、約5千。餓死と戦病死、約1万5千。「アメリカにとって、ガダルカナル島は《飛び石》の最初の一歩となった。それはここを起点に、島伝いに太平洋を北上し、やがて日本本土、そして首都・東京へとむかう道だった」[†81]

3月9日。ヒトラーから「病気療養命令」をうけたロンメルがチュニジアを去る。

オーバーロード作戦

5月11日。米国・ニューヨーク州ニューヨーク港。

イギリス軍が兵員輸送に使うようになっていたクイーンメアリー号が、スタテンアイランド沖に投錨《とうびょう》。チャーチルと英・陸海空3軍幹部の一団が下船してきた。

戦争前の「クイーンメアリー」は大西洋航路の豪華客船だったが、今では、「ボディーはグレイ一色に塗りつぶされ、デッキチェアを取り払った上部甲板には高射砲を配備。客室部分は、壁紙やカーペットを剥ぎとったインテリアに変えられ、一度に1万6千の兵をつめこんで運べる徴用輸送船」なのである。

チャーチルの《相客》はチュニジア戦線で捕虜になった5千名のドイツ・イタリア軍兵士。彼らは、「航海中の6日間、砂嚢《サンドバッグ》と有刺鉄線で出口をふさがれた下層階デッキに閉じ込められていた[†32]」。

チャーチルは、ルーズヴェルトとのカサブランカ会談のあと、状況が見通せていないからと反対するロンドンの戦争内閣を説きふせ、トルコ南部・アダナまで飛んだ。

トルコに、連合国軍への参戦をうながすつもりだった。

イスメット・イノヌー大統領との会談は友好的におこなわれた。しかし、参戦の件はチャーチルの思い通りには進展しなかった。

そのうえ、北アフリカと中東を4週間も駆けめぐったあげくに、帰国後、どっと疲れが出て肺炎を発症し、1週間ほど寝込むことに。

肺炎の予後とあって、5月になっても、爆撃機の高度のフライトは「ドクターストップ」のままで、北方航路の離着水面にまだ氷の残るこの時期はボーイング飛行艇も使えないことから、クイーンメアリー号での訪米になった。

じつはルーズヴェルトもチャーチルと前後して病床にあった。カサブランカからの帰路に寄ったガンビアで感染症にかかってしまったのだ。お互いにまだ病後であること、ホスト役ルーズヴェルトの負担を軽くすることを考えて、チャーチルは、今回は在米イギリス大使館を宿舎にするつもりだった。

ところが、チャーチル一行がニューヨークから列車でワシントン入りすると、ユニオン駅のプラットフォームまで出迎えた大統領が、「その場からホワイトハウスの例の部屋へ私（チャーチル）をさらって行った[†25]」。

ルーズヴェルトには、チャーチルをホワイトハウスで「カンヅメ」にしたい理由《わけ》があった。

米英統合参謀会議のはじまった5月12日、チュニジアの独伊軍が降伏、兵25万が捕虜になり、これで、北アフリカ全域が連合国軍の占領下に入ることに。

次はいよいよヨーロッパ大陸侵攻だが、英仏海峡横断作戦を早く進めたい米側と、東地中海からバルカン半島、東欧へと攻めようとする英側の間には溝ができている。

この際、ルーズヴェルトはチャーチルを、もっと《たぐり寄せ》なければならない。

大統領選挙を1年半後にひかえて世論の動向も気になる。アメリカでは「打倒！　日本」の叫びがいっそう強まっていた。真珠湾攻撃以前には少なからずあった「参戦反対」の声はすっかり消えてしまったばかりか、今や、「ヒトラーはあと回しでいいから、さっさと、ジャップをぶっ潰せ[†68]！」とアジられもしていた。

ルーズヴェルトは、ヨーロッパでもアジアでも、「勝ちパターン」を早急につくりあげるつもりなのだ。そのためには、チャーチルをホワイトハウスに《囲いこみ》たかった。

統合参謀会議は大いにもめたが、メリーランド州カトクテンヒルズの大統領専用別荘・シャングリラ（現キャンプデーヴィッド）で共にすごした週末をはさんだ5月19日、フランス本土へ翌1944年5月に侵攻する「大君主作戦《オーバーロード》」を実施することで合意した。

イタリア降伏

7月10日、連合国軍、イタリア・シチリア島に上陸。

7月25日、イタリア・ローマ。

エマヌエーレ3世国王に謁見したムッソリーニ首相は、国王から「以後、首相はピエトロ・バドリオ元帥《げんすい》がつとめる」と告げられた。「事情がよく呑み込めないまま、王の面前を辞したムッソリーニはそのまま国家憲兵《カラビニエリ》に逮捕」され失脚。

8月19日、カナダ・ケベックで「ケベック会談」（英米プラス英連邦サミット）開始。「カナダのウィリアム・マッケンジー・キング首相が主宰し、チャーチル、ルーズヴェルト、英米両軍のトップがふたたび一堂に会した」[†81]

チャーチルはルーズヴェルトと、会談の前後にハイドパークとワシントンで、イタリア情勢とオーバーロード作戦について協議をつづけていた。

チャーチルがワシントン滞在中の9月3日、イギリス第8軍がシチリア島からメッシーナ海峡を越えてイタリア本土に上陸。同日、「バドリオ政府は連合国に降伏した（公表は9日）」[†24]。

ヒトラーはただちにローマを占領するよう、ドイツ軍に命じた。

9月9日、ドイツ軍空挺部隊が、「いきなりローマに入城。すると、イタリア国王と新首相のバドリオ元帥はさっさと逃亡してしまった。ドイツ軍の計16個師団がイタリア軍の武装解除をおこない、抵抗する者はすべて片付けた。およそ65万人が捕虜として拘束され、その大半はのちに強制労働につかされた」。

9月12日、ヒトラーの「武装親衛隊の特殊部隊が8機のグライダーで、ローマ北方のアペニン山中に強行着陸」し、軟禁されていたムッソリーニを救出。[†81]

＊

ルーズヴェルトは、スターリンとの首脳会談をぜひとも実現させたい、と考えるようになっていた。前年（1942年）の「スターリンVSチャーチルの《正面衝突マッチ》」については、つぶさに報告をうけている。けれども、「アメリカが太平洋とヨーロッパで展開している強大な力を背景にスターリンにあたれば、自分のほうがチャーチル首相より、うまくゆくかもしれない[†68]」という思いもあった。

カサブランカ会談をたち上げる際には、米英ソの3首脳《ビッグ・スリー》「初顔合わせ」をスターリンにもちかけたが、あっさりかわされた。

「ソ連軍が重大局面をむかえている今、第2戦線以外に興味はない。だが、それだって『当分は実現できない』とチャーチル氏が言ってよこしたばかりではないか[†57]」と。

アラスカ国境における米ソ・サミットを提案したり、ケベック会談への参加をよびかけもしたが、いずれも実らなかった。[†68]

ところが、ケベック会談のあとでスターリンのほうから、ビッグ・スリーによる首脳会談に応じてもよいと言ってよこして、その準備のための「米英ソ・モスクワ外相会議」を提案してきた。独ソ開戦後の1941年8月以来、ソ連軍とイギリス軍が共同で進駐しているイランの首都テヘランで首脳会談を開催すべきだと強く主張して、それを押し通したのもスターリンだった。

テヘランのビッグ・スリー

1943年［昭和18年］11月28日午後4時。「テヘラン会談」開会。

その45分前だった。元帥のユニフォームを着用したスターリンが、ソヴィエト大使館の広大な敷地内の迎賓館《ゲストハウス》に、ルーズヴェルトを表敬訪問してきた。

テヘラン会談のビッグ・スリーそれぞれが、本拠をかまえる各国の公館のうち、イギリス公使館はソヴィエト大使館の向かい側にあるけれど、ルーズヴェルトが、当初、滞在する予定だったアメリカ公使館は、そこから1キロほど離れている。ソヴィエト大使館でおこなわれる本会議や交互に場所を移してのディナーのたびに、ビッグ・スリーが行ったり来たりしなければならないのは、警備上、問題であった。

現に、ビッグ・スリーを狙うテロの情報があると、ソ連秘密情報部が警告していた。

そこでソ連側から、ソヴィエト大使館のゲストハウスを大統領に提供したいとのオファーがあった。テヘラン市街地のせまい道路で、群衆にとり囲まれ車がストップする場面をすでに経験していた米側の警備担当者は、ソ連の施設を使えば盗聴されるとわかってはいても、テロに遭うよりはましだろうと割りきり、その申し出をうけることにした。なんだかソ連側が事前にシナリオを描いていたかのような話だけれども。

結局、アメリカ公使館から移ってきたルーズヴェルトが、「これで、スターリンとふたりだけで会いやすくなった」[†64]と考えていたころに、スターリンのほうから先に訪ねてきたわけだ。いざ会ってみると、ルーズヴェルトにとってスターリンは、予想以上に話が通じる相手だった。オーバーロード作戦を頼りにしていることもわかった。

向かい側のイギリス公使館に宿泊していたチャーチルは、それを知ってますます機嫌が悪くなった。前夜予定されていたビッグ・スリーの初ディナーを、風邪を悪化させてキャンセルせざるをえなかったばかりか、朝目覚めてみると、ルーズヴェルトをスターリンに《囲いこまれて》しまっていたのだから。

午後4時、ソヴィエト大使館の本館大ホールで1回目の本会議がスタートして、以後4日間、「会議とディナー」の繰り返しがつづいた。

会議の早い段階で、アメリカにとって「おそらくもっともドラマティックな発言」が、スターリンの口から飛び出した。

「ドイツを敗退させたあとで、ソ連はシベリアの陸軍を増強して日本攻略戦に参加するでしょう」[†32]と。

ルーズヴェルトとすれば、事前にスターリンと会っておいてよかったと思えただろう。

しかし、チャーチルのほうは違う。米ソ首脳がふたりだけで会談したことを知ったチャーチルが、ルーズヴェルトをランチに招待する。けれど、西側首脳だけがふたりで会っているのをスターリンに知られるのはまずい、と言って断られた。

そのくせ、ルーズヴェルトはスターリンとは、さらに二度も個別に会合することになるのだから、チャーチルとしては屈辱すら感じざるを得なかった。

＊

スターリンは、いやに張りきっている。

会議ではチャーチルに対して、「いったい、首相はオーバーロード作戦に本気で取り組んでいるんですか」と言いたい放題。

自分が主催するディナーでも、スターリンは、「ドイツの戦後処理について、首相はドイツびいきに過ぎますな」とチャーチルをいたぶりにかかる。

風邪がぶり返したようで、体調がすぐれなかったチャーチルは取り合いたくなかったが、スターリンはなおも、「ドイツ参謀本部を解体し、5万人は射殺しなければならない」とまくしたてた。

そして、とつぜん立ちあがり、「ドイツ人戦犯5万人の射殺に乾杯！」と叫んだ。

チャーチルは顔をまっ赤にして憤《いきどお》る。

「わが国の名誉にかけて、そんなことは許されないッ！」

ここで、ルーズヴェルトが割って入る。

「それでは、5万人はやめにして4万9千人ではどうかな」

チャーチルは、すべてを「笑《わら》い種《ぐさ》」にしてこの場を収めようとするルーズヴェルトに任せてしまおう、と思いかけていた。ところが、そうはならなかった。

端っこの席ですっかり酔っぱらった大統領の3男エリオット・ルーズヴェルト大佐[注20]が、よろよろと立ちあがると「アメリカ陸軍はスターリン元帥を支持します」と煽《あお》ったのだった。[†25 32 57 68]

顔をこわばらせたチャーチルが席を立ち、隣の部屋へと歩き去った。

次の間の薄暗がりのなかで、うっそりと佇《たたず》むチャーチルは、後ろから誰かに肩をたたかれるのを感じた。ふり返ると「そこにスターリンとモロトフがならんで立っていた。ふたりはにやにや笑いながら、ただ戯《たわむ》れに言っただけ」と、しきりに弁明した。[†25]

チャーチルは、「戯れにすぎず、他意はまったくなかったなんて信じはしなかった」[†88]けれども、怒りは収まりだしていたのでテーブルに戻った。

チャーチルの帝国主義ショー

2回目の全体会議の前には、チャーチルがパフォーマンスを仕掛けた。

スターリングラード攻防戦勝利を祝うために、英国王ジョージ6世が「特にデザインしてつくらせた栄誉の剣をスターリンに贈呈する」セレモニー。

両国国歌の吹奏があり、チャーチルが剣を手渡すと、スターリンは「それを唇に持ってゆき、刃にキッスした。それから剣はロシアの儀仗兵に守られて、おごそかに部屋から運び去られた。この行列が過ぎ去ったとき、大統領が部屋の片側にすわって、明らかに感動しているのを私

注20　2年前のニューファンドランド会談のときはまだ大尉。

（チャーチル）は見た」[†22]。

エッ、ほんとうなのか？

ルーズヴェルトは、「この手の《帝国主義見え見えショー》[注21]を嫌っていた」し、スターリンにしても、「こんな子どもだましで第2戦線をチャラにされたんじゃ敵《かな》わない」[†32]というのが本音だっただろうに。

11月30日はチャーチル69歳の誕生日。

午前中にチャーチルは、スターリンとふたりだけで会い、オーバーロード作戦に先行する地中海作戦をふたたび持ちかけたが、スターリンはのってこなかった。それどころか、「もしも英米軍がフランスに上陸しないようなことになれば、戦争疲れしたロシアの人民が何を言いだすかわからないと言って、またもや、《対ドイツ単独講和カード》をちらつかせる」のだった。

イギリス公使館ではチャーチル主催のディナーがあった。乾杯の応酬がとめどなくつづき、「チャーチルはプロレタリア大衆のために、スターリンはイギリス保守党のために祝杯をあげた」[†32]。

12月1日。「連合国は、地上戦ではドイツ陸軍を、海上ではUボートを、空からは兵器工場を容赦なく壊滅させ、戦後の平和構築において協働する」という《定番》の宣言をまとめて、ビッグ・スリーによる初サミットは幕を閉じた。

*

1944年［昭和19年］1月1日。

いよいよ、連合国軍が「ノルマンディー上陸作戦（コードネーム「オーバーロード」）」を敢行する新しい年が明けた。しかし、チャーチルはイギリスにはいなかった。モロッコの古都マラケシュで、病みあがりの身を休養させていた。

前年11月12日に巡洋戦艦レナウンで英国を出発したチャーチルは、地中海のマルタ島からエジプト・アレキサンドリアへ向かった。マルタでかかった風邪が悪化したカイロでは、ルーズヴェルトに中国国民党政府の蔣介石総統をまじえた3者会談をおこなった。もともと国民党政府を重要視してこなかったチャーチルだったが、米英ソ中の連合国ビッグ・フォーの形成をはかるルーズヴェルトに付き合わされた。

そして、テヘラン会談。

会期中に風邪がぶり返し体調はけっして思わしくなかった。そこを乗り切ってから、オーバーロード作戦の最高司令官に決まったアイゼンハワー将軍に会うために向かったチュニジア・カルタゴで発熱して、ついにダウンしてしまった。肺炎と心臓発作。それが12月11日。

ロンドンからは、詰め物でだぼだぼになったオールインワンの飛行服をまとい、暖房のない爆撃機に乗り込んだクレメンタイン夫人が駆けつけた。その後、容体はもちなおしたものの帰国はかなわず、マラケシュで約1ヵ月間の転地療養を余儀なくされた。

チャーチルは1943年だけでも、カサブランカ会談（1月〜2月）・第3回ワシントン会談

注21 原文 pompous imperial symbolism

（5月〜6月）・ケベック会談（8月〜9月）・テヘラン会談（11月〜12月）と、1年間で百五十数日、5ヵ月ものあいだ国外へ出る首脳外交の最終盤に病気で倒れたのである。

＊

1月14日、空路マラケシュを出発したチャーチルは、ジブラルタルから戦艦キング・ジョージ5世に乗艦して英本土へ帰還しようとしていた。

オーバーロード作戦を成功させ戦争に勝利したあと、ドイツの戦後処理と西ヨーロッパ諸国の再建を主導するのは、ルーズヴェルトでもスターリンでもなく、自分自身でなければならない、と気を引き締めながら。

ナチスに勝利したことをチャーチルとともに
祝うイギリス国民

第7章

「ディス・イズ・ユア・ヴィクトリー!」

――昔のチャーチルをよく知る者にとっては、今のチャーチルはまるで別人だった。いらいらと怒りっぽくなり、つまらないことにもがみがみ言うようになったし、何より、以前に比べると気短かでわがままになった。[†77]

ノルマンディー

1943年［昭和18年］12月15日。イギリス第2戦術空軍所属のジョン・コルヴィル少尉に首相官邸から呼び出しがかかった。

チャーチル内閣の首相秘書官だったコルヴィルは、2年前の10月に、首相にしぶしぶ承認してもらって空軍に志願入隊。南アフリカにおける10ヵ月間の飛行訓練を経て、戦闘機パイロットとしてイギリス本土で実戦配備されていた。

首相からは、コルヴィルの《移籍期間》が2年を過ぎた時点で、官邸への復帰命令が出ていたが、実施は年明けのはず。

何ごとだろうかと訝《いぶか》りながら官邸へ出向くと、首相が北アフリカ・チュニジアで倒れたとのこと。首相夫人に付き添って現地へ飛び、そのまま秘書官の仕事を再開するように、とコルヴィルは告げられた。

幸いにも首相は、モロッコの景勝地マラケシュへ転地して年を越せるほどに回復していった。

そうなると一刻も早く復帰したがるチャーチルであったが、コルヴィルはコルヴィルで、戦場への未練がいっぱい。ましてや、迎えたばかりの１９４４年には、連合国軍がドイツ軍を追いつめる「史上最大の大君主作戦《オーバーロード》」が控えているのだから。

西アフリカの陽光のもとで、チャーチルがみるみる元気を取り戻すタイミングを見計らいながら、コルヴィルは懇願した。空軍に復帰させてください、と。

そして、首相がいよいよ帰国できるようになった１月12日に、コルヴィルの願いが容《い》れられた。

「どうやら君は、この戦争は君の個人的な楽しみのためにおこなわれている、とお考えのようだな」とチャーチル。「だが私も君ぐらいの歳だったら、そう思っていたはずだ。だから、２ヵ月間の従軍を許可する。ただし、今年の休暇はなしだ」[†21]。

チャーチルの帰国と前後して、オーバーロード作戦の最高司令官ドワイト・アイゼンハワー米陸軍大将が英国に移動してきた。

１９４４年中には300万人がイギリスに集結する予定のアメリカ軍は、すでに100万人規模に達していた。

オーバーロード作戦の決行日「Ｄデー」と侵攻地点についても詰められていった。

Ｄデーは６月５日。フランス北西部ノルマンディー地方・カーン市の東北方周辺からコタンタン半島のつけ根まで、100キロ超つづく海岸一帯を急襲、上陸する。

５月20日。コルヴィル少尉はもとの飛行中隊に復帰した。けれど、Ｄデーまでは「敵の領空を飛ばないことになっていた」。万一、撃ち落とされでもして捕虜になり、Dデーの秘密を漏らしてしまってはいけないからだ。ドイツ軍だって、まさか、最高機密にふれている首相秘書官が戦闘機で飛んでくるとは想像もしなかっただろうが。[†21]

アイゼンハワーの前線司令部はイギリス南海岸の要港ポーツマスに設営された。

作戦部隊は、イギリス軍が英国東南部にアメリカ軍は西南部に分散し、兵員17万6千、車両2万、食糧数千トンが、スタンバイし終わった。

大陸側では、ヒトラーが《大西洋の壁》と呼ぶ沿岸防衛拠点を、つぶさに視察してから在仏ドイツ軍司令官となったエルヴィン・ロンメル元帥が、連合国軍の侵攻に備えていた。

ド・ゴール准将

6月2日。チャーチルが首相専用列車でポーツマスにやって来た。

乗ってきた客車を側線に停止させた即席の「野戦司令部」を宿所にしてDデーまで滞在し、当日はノルマンディー沖の巡洋艦上から侵攻作戦を観閲するつもりだった。

アメリカ人のアイゼンハワーにすれば、いや、最高司令官がイギリス人であったとしても、作戦に支障をきたしかねないだけの、なんとも迷惑な話である。当然のこと、拒否した。しかし、チャーチルは「イギリス国防相としての前線視察」を主張して、ゆずろうとしない。

最高司令官は英国王ジョージ6世の侍従長《じじゅうちょう》宛てで「なんとかなりませんか」と手紙を書いた。国王だってそんな《無茶》は思いとどまらせたかったから、チャーチルにその旨を告げる手紙を送った。だが、チャーチルは引き下がろうとはしなかった。

するとと、国王からの新たな手紙が、ポーツマスまで追いかけてきた。

「それでは、第1次大戦ではユトランド海戦に従軍経験のある海軍出身の自分にも首相とご一緒する資格があります」と。[†32]

国王にそこまで乗り出されてしまってはあきらめるほかなく、チャーチルは、しぶしぶ艦上視察を取り下げたのだった。

6月4日午前4時半。アイゼンハワー司令部の指揮官ミーティング。

Dデーの前夜から当日にかけて、暴風雨をともなう低気圧が英仏海峡一帯を通過するという、前日の気象予報をもう一度検討した。けれども、状況が好転する見込みは立たず、アイゼンハワーは作戦延期にふみきった。

英国各地で乗船ずみの兵たちはそのまま船内待機とする、一部すでに出港していた艦船には、引き返すよう命令が送られた。

ポーツマスの海には黒雲が低くたれこめ風もしだいに強まり、海峡一帯にはすでに暴風警報が出ていた。そんな中、フランス国民解放委員会代表のシャルル・ド・ゴール准将がアルジェリアから到着した。

チャーチルには、作戦の概要をド・ゴールにも事前に伝えておくべきだとの配慮があった。ド・ゴールは熱心に耳を傾けていたが、この際ルーズヴェルト大統領に、フランス国民解放委員会の承認を申し入れてはどうか、とチャーチルが言った、途端、こちらからアメリカ大統領に要請するつもりはない、とド・ゴールは気色《けしき》ばんだ。するとチャーチルは「イギリスがヨーロッパ大陸に進出するか、それとも海洋かという場面で海洋進出を選んだように、あなたとルーズヴェルト大統領のどちらかをとれという場面になったら、私はつねに大統領のほうを選びますな」と言った。

いや、それはどうでしょうか、と異議をとなえたのは、会談に同席していたアーネスト・ベヴィン労働・国民兵役相。ド・ゴールに対して「今のはイギリス政府全体の考え方じゃありませんので」と、チャーチルをおしとどめた。[†32]

天候は悪化して夜半から激しい風雨が吹きつけた。

この日、イタリア降伏（前年9月）後もドイツ軍の支配下にあったローマが連合国軍によって解放された。

6月5日午前4時。指揮官ミーティング。

接近する低気圧の速度が落ち、翌朝には「悪天候に切れ目ができる」と確認。

アイゼンハワー最高司令官は「6月6日決行」の断をくだした。[†89]

ロバート・キャパ

波浪がしぶきとなって打ちつけるノルマンディー海岸。

沖合には、5千隻近くの艦船がひしめきあっていた。攻撃艦は、戦艦6・巡洋艦23・駆逐艦104。輸送用艦艇に詰め込まれた13万人の兵士たち。それに、イギリス本土をすでに飛び立った

キャパを一躍有名にしたノルマンディー上陸作戦の「ちょっとピンぼけ」作品

り、スタンバイしている航空機が8千機。[†8189]100キロ超にわたり横へと延びるノルマンディー海岸を、5つに区切った侵攻地域それぞれに、コードネームがつけられた。

沖合から海岸線に向かって「左から右へ」の順で、イギリス軍・英連邦軍が侵攻する「ソードビーチ」「ジュノービーチ」「ゴールドビーチ」。

アメリカ軍が侵攻する「オマハビーチ」「ユタビーチ」。

午前4時前後に、沖合で動きがあった。

武器・弾薬フル装備の兵士たちが、「舷側《げんそく》に垂らしたカーゴ・ネットを伝い、激しいうねりのせいで、眼下で小刻みに揺れたり持ち上がったりしている上陸用舟艇」に降りていった。空が明るみだすと、「まず戦艦たちがその14インチ主砲をもって艦砲射撃を開始し、巡洋艦もすぐさま合流した」。海岸のドイツ軍から見ると、

「水平線全体が、炎のかたい塊」のようだった。[†81]

艦砲射撃につづいて、駆逐艦群が岸に接近しつつ、機銃掃射の弾幕をはった。イギリス本土から飛来した爆撃機がドイツ軍陣地を猛爆し、上陸用舟艇と水陸両用戦車の群れが海岸に殺到していった。

戦場カメラマンのロバート・キャパは、「オマハビーチ」に突入する上陸用舟艇から海面に跳びおりる兵士たちにつづき、機関銃弾の嵐の中をもがきながら海浜を目指した。「臼砲弾《きゆうほうだん》が鉄条網と海とのあいだに炸裂して、すさまじい破片が兵隊の頭上からふりかかった。私はその瞬間をカメラにとらえた。第2弾はさらに身近に迫って来た。かまわず次から次にシャッターを切った。フィルムは撮りつくされた。

バッグに手を伸ばして新しいフィルムをとりだしたが、濡れて、ふるえている手はフィルムを台なしにするばかりで、カメラに入れることができなかった」

キャパが撮影した、兵士が波浪と銃弾の殺到にあらがいながら、海の中から浜へと匍匐《ほふく》前進する《ちょっとピンぼけ》[注22]の写真には、「そのとき、キャパの手はふるえていた」とコメントするメモが後からつけられた。[†90]

攻撃部隊の上陸がつづく戦場の上空には、コルヴィル少尉のムスタング戦闘機があった。「沖では、イギリス軍とアメリカ軍が海岸に向かって進撃し、灰色の戦艦が半円形に集結しているのが見えた。戦艦の巨砲が陸地の標的をめがけて火煙を上げていた。この日の朝、わが飛行中隊で人気のあったバーナード空軍中尉が、万にひとつの不運であったが、味方の15インチ砲を被弾した。ムスタングは中尉を乗せたまま粉微塵《こなみじん》になった」

その後コルヴィルの飛行中隊はフランスに移駐。

「私は幸運にも、3回も撃墜の危機を免れた。二度はドイツ軍の対空砲、一度はアメリカ軍の対空砲からであった。敵が堅固に防衛していた、カーン郊外のカルピケ飛行場の上空を飛んでいた。

そのとき、砲弾が1発、左翼に丸い大きな穴を開け、補助翼のケーブルと、フラップを一瞬のうちに吹き飛ばしたのである。この損傷が左右いずれかに半インチでもずれていたら、機体は錐揉《きりも》み状に墜落し、そのときは低空飛行だったから、パラシュートで脱出する余裕はなかっただろう[†21]」

＊

作戦初日の夕暮れまでに、連合国軍は15万の兵力を上陸させた。

戦死はアメリカ軍＝2千500・イギリス軍＝500。

この日以後もぞくぞくと上陸部隊を送りつづけ、10日間で約60万人、7月末までに150万の兵員とそれに必要な物資を揚陸した。3ヵ月後までにはさらに100万の兵員が増強された[†24 32 83]。

＊

6月13日。ヒトラーが復讐兵器［Vergeltungswaffe フェアゲルトゥングスヴァッフェ］の

注22　1947年に出版されたキャパの著書のタイトル（*Slightly out of Focus*）でもある。

頭文字Vから「V1型」と命名した、850キロ弾頭の飛行爆弾《フライングボム》（ロケット）の第1弾がロンドンを襲った。

9月には、性能アップした1トン弾頭のV2型が襲来することになるが、それまでに1万発が発射されたV1型ロケットのうち、7千488発が英仏海峡を越え、3千900発以上は撃墜されたものの2千419発がロンドン首都圏に着弾。死者6千超・負傷1万8千超の被害をもたらした。[†32]

＊

3年前にドイツ軍がソ連に侵攻した6月22日。

白ロシア（現ベラルーシ）・ミンスクの南北500キロにわたり展開していたソ連軍（兵員＝167万・戦車＝約6千・航空機＝7千500余）が、いっせいに大攻勢を開始した。[†81]

＊

7月17日。フランス国内を指揮車で移動中のロンメル元帥が、連合国軍スピットファイアー戦闘機の機銃掃射により、重傷を負う。

20日には、ドイツ・東プロイセン州ラステンブルク（現ポーランド）の総統大本営「ヴォルフスシャンツェ（狼の砦）」にクラウス・シュタンフェンベルク大佐が爆弾を仕掛けたヒトラー暗殺未遂事件から、クーデター計画が発覚。

その後、このクーデター計画に関与したと、ヒトラーから疑われたロンメルが、自殺を強要され服毒死をとげた（10月14日）。

＊

コルヴィル少尉は、「少なくとも40回の作戦飛行をおこない、8月の初めに2ヵ月間の戦闘用休暇が期限切れとなった」。彼をイギリスに連れ帰るダコタ輸送機は「不注意にも、まだドイツ軍が占領しているル・アーヴル上空を飛び、猛烈だが、幸いにも不精確な高射砲砲火を見舞われた」。

ダコタ機には海軍予備役の軍装をしたリース卿（BBC創始者・元情報相）が同乗していた。「チャーチルの政府にいるよりはるかにましだ、とリース卿は言った。チャーチルから逃げられたのだから、君もどんなに嬉しいことか、とも言った。私（コルヴィル）はこう答えた。『事情はまったく逆で、これから首相のところへ戻るところなのです[†21]』」

＊

7月6日。米国・ワシントン。

ド・ゴール准将が17発の礼砲によってホワイトハウスに迎え入れられた。最高礼遇の21発よりはワンランク下の「非公式訪問」扱いだったが、今回の訪米は米大統領のほうからの招待だったので、ド・ゴールのプライドは辛うじてたもたれた。

けれども、戦後世界を担うのは「米英ソ中」の4大国であり、フランスの地位はその他の諸国と同じ、と告げられたときは、さすがにショックを隠せなかった。それでも、ド・ゴールは、「西ヨーロッパを復興させるには、フランスの国家的活力と自信が不可欠」と強調するのを忘れなかった。[†32]

8月1日。自由フランス軍の戦車部隊がノルマンディーの「ユタビーチ」に上陸し、首都パリを目指した。

ヘミングウェイ

パリ南西近郊にある古城都市ランブイエの、とあるホテル。

解放された首都への一番乗りを狙う男たちがたむろしていた。

アメリカ人戦争特派員の一団がいた。

そのなかに、キャパがいた。アーニー（アーネスト）・パイルがいた。

すでにベテラン戦争特派員のパイルは、ＧＩ（アメリカ兵）たちに「兄貴」と慕われ、ヨーロッパから太平洋戦線へ転戦する部隊にそのまま従軍しつづけ、沖縄で戦死することになる。日本が占領されているあいだは連合国軍に接収され、その専用施設となった東京宝塚劇場は、《アーニー・パイル・シアター》と改名された。

まだ無名だったキャパが、スペイン内戦で人民政府側に従軍して以来、しばしば行動をともにしてきた作家アーネスト・ヘミングウェイの姿もあった。

「公式には『コリアー』誌の戦争特派員という肩書のヘミングウェイは地元のレジスタンス・メンバーを抱きこみ、不正規戦闘（ゲリラ戦）を実体験してみたいと、異常なほど関心を寄せていた。大ぶりの自動拳銃をこれみよがしに携行していたが、それは非戦闘員には所持そのものが厳禁されている武器だった。

まるで現地司令官のようにふるまうヘミングウェイに、一部の記者は、当然ながら反発した。

「『シカゴ・デイリー・ニューズ』紙のブルース・グラント記者などは『ヘミングウェイ将軍と彼の《マキ》[注23]たち』とからかい口調で言ったほどだ。とその瞬間、ヘミングウェイはぱっと間合いを詰めると、グラントにいきなりパンチを見舞った」[†89]

8月25日朝。自由フランス軍戦車部隊が、アメリカ軍を先導するようにしてパリに入った。午後には、元陸軍次官のド・ゴール准将が陸軍省に到着し、省内を査閲《さえつ》。「4年間の占領中に盗まれたものは、国家をのぞけば何ひとつない。私の役目は祖国を奪い返すことだ」と言った。[†32]

キャパも、「パリ帰還」を果たした。

彼はハンガリー生まれのユダヤ人。ナチスの暴虐を逃れ、ベルリンからパリへと脱出して来て、貧乏をしながら、一人前の報道写真家になろうとあがいていた。けれども、4年前のドイツ軍侵攻によって、パリからも立ち退かざるをえなかった。

ヘミングウェイは、別ルートでひと足先にパリに入り、ホテルリッツをドイツ人占領者から《解放》してキャパを待った。そして、キャパが到着すると、いかつい目に、一瞬、笑みを浮かべ、名門「リッツ」のルームキーを手渡した。[†90]

*

東部戦線のソ連軍は、ポーランドのドイツ軍を撃破して首都ワルシャワにせまりつつあり、

注23 対独レジスタンスの地下運動組織。

西部戦線の米英軍は北フランスからベルギーへと、4年前の逆ルートをたどるように独軍を押し戻していって、当初からもくろんだ通りの《サンドイッチ作戦》が進行。

ベヴィンという男

8月11日、チャーチルはイタリア・ナポリへ飛び、イタリアとユーゴスラヴィアの境界地域をめぐる協議のために、クロアチア出身の抗独パルチザン(人民解放戦線)司令官のヨシップ・チトー元帥と会見した。

イタリアは前年9月に降伏。けれどヒトラーは、ドイツ軍を増強してイタリアにおける勢力維持をはかった。首都ローマは、南から攻めあがった英米軍によって、ノルマンディー上陸の2日前に解放されたものの、北部イタリアではドイツ軍の抵抗がつづいていた。

チャーチルは、ローマをはじめイタリア各地の戦況を視察してまわり、8月28日に帰国した。そして、席があたたまる暇《ひま》もなく、9月5日には、スコットランド・グリーノックからクイーンメアリー号に乗船した。

向かう先はカナダ。

11月の大統領4選を目指していて、遠く海外まで出るわけにはいかないルーズヴェルトと、「第2次ケベック会談」をおこなう。

首相秘書官に完全復帰したジョン・コルヴィルが、米大統領との会談に初めて同行する、クイーンメアリー号上でのディナーの席で、チャーチルは「来《きた》るべき総選挙」を話題にのせていた。第2次大戦勃発によって封印されたイギリスの総選挙は、1935年を最後におこなわれていない。

前年10月、チャーチルは、下院議員の任期を1年間延長する動議を提出する際に「ドイツが降伏したあと下院を解散し、総選挙をおこなう」と宣言していた。「国王に解散を奏請する権利は、ただ首相のみに」あったわけだから。[†25]

その際、連立政権はどうなるのだろうか。

「労働党はおそらく政府にとどまろうとするだろうが（もっとも、下部党員の抵抗で、のこれないかもしれない）、それも戦争が終結してから1年程度だろう」と、チャーチルは予測してみせた。

いずれにせよ、連立を解消する日はやって来る。

やがて、その日が来て「労働党の閣僚を失っても後悔はしないが、例外はベヴィン。ほかは、凡庸《ぼんよう》な人物ばかりだ」と首相は言った。[†21]

学歴なし。未熟練労働者出身のアーネスト・ベヴィン労働・国民兵役相。

就任から2年間で、「兵役担当」としては450万人を軍務に送り込み、「労働担当」としては85万9千人を軍需産業に徴用する実績をあげた。たしかに、チャーチルの戦争内閣のキーパーソン。[†23]

チャーチルが、チェンバレン内閣の海相時代に、「海軍省のトロール船に対する強硬な要求」をめぐる交渉でじかに接触して以来、ベヴィンに目をつけていた。

しかし、ベヴィンは、チャーチルからの入閣要請に、「即オーケー」は出さなかった。労働組合と相談しなければならないので時間がほしい、と言ってチャーチルを待たせた。

組合の承認がおりるまでに、「2、3日かかったが、ベヴィンには、それだけの価値があった」[†22]と、チャーチルはのちに書くことになる。

クレメント・アトリー

ところでチャーチルは、アトリー副首相をも「凡庸な人物」、と見くだしていたのか？

ざっと、その経歴をならべる。

クレメント・アトリー副首相兼枢密院《すうみついん》議長。

1883年生まれ。弁護士。オックスフォード大学卒業。25歳で労働党に入党。1913年～23年、ロンドン大学講師・助教授。第1次世界大戦に従軍した元陸軍少佐。1919年、ステップニー市長。1922年、下院議員当選。マクドナルド内閣のランカスター公領相・郵政長官。1935年以来の議会労働党党首。

連立政権で同じ労働党閣僚同士ではあっても、叩きあげの組合活動家ベヴィンとは真逆の党官僚エリートなのである。そのアトリーを名指しにしてチャーチルの罵声《ばせい》が飛んだ。

舞台は、まだ大西洋上にあって北米大陸を間近にしたクイーンメアリー号の船中。

アトリーから、「戦争内閣は対日戦争の兵役手当の増額案を、首相の帰国前に発表する」という電信が来た。コルヴィル秘書官が手渡したそれを読むと、「首相は激怒し、アトリーは裏切り者だ、陰謀が進行中だなどと罵《ののし》った。すさまじい脅し文句に満ちた、猛烈な返事を口述した」。

手元に書くものがなかったコルヴィルは、「首相から赤インクのペンを拝借し、別の電信の裏面に口述を書きなぐった」。

書きとったら見せなさい、とチャーチルが言って、「まるで速記体のように判読しがたい私（コルヴィル）の筆記を、同じくらい判読しがたい字で訂正しはじめた」。

けれども、やっていることのあまりの滑稽ぶりにチャーチル自身が気がついたのか、その返電はぎりぎりでボツになった。[†21]

＊

クイーンメアリー号がカナダ・ハリファックスに到着し、チャーチル一行は列車でケベックに入った。３日間おこなわれた「第２次ケベック会談」のテーマは、日本攻撃の太平洋戦とドイツの戦後処理問題がメイン。

ルーズヴェルトは、「ドイツが降伏したら、ただちにヨーロッパの米軍を引き揚げる。アメリカに着いた兵らはそのまま米大陸を横断させ、太平洋戦線を100万人規模で増強する」[†32]と言った。

会談終了後、チャーチルはニューヨークからクイーンメアリー号に乗船。９月26日にロンドン帰着。

副首相の苦言

相変わらず忙《せわ》しない、チャーチルの「動き」はとまらない。

10月7日、スターリンに会いにモスクワへ飛んだ。スターリンはいつになく上機嫌でチャーチルを歓迎攻めにしたが、10日間の滞在中に、ポーランド問題など諸懸案の協議に進展はなかった。

10月20日。「必ず帰還してみせる《アイ・シャル・リターン》」と言ってオーストラリアに脱出していた、米軍のダグラス・マッカーサー大将が2年ぶりにフィリピン・レイテ島に上陸。

その4日後、米海軍はレイテ沖海戦で、日本海軍の戦艦武蔵《むさし》を撃沈し、戦艦大和《やまと》にダメージをあたえた。

11月11日（第1次世界大戦の休戦記念日）。フランス・パリ。

無名戦士の墓に花輪を供えたチャーチルが、シャンゼリゼ通りをド・ゴールと並んで行進。歓呼の声をあげる群衆に向かって、しきりに「Vサイン」をおくった。

12月25日。クリスマスの日の夜明け前に、イーデン外相を引き連れたチャーチルが、パルチザンが反乱を起こしたギリシアに急遽《きゅうきょ》、のり込んでいった。

＊

そして、いよいよ1945年［昭和20年］。

アトリー副首相にとって、このところ、チャーチルは頭痛のタネ以外のなにものでもなかった。戦災復興などの重要課題が山積しているのに、首相は海外を飛びまわるばかりで、国内問題をないがしろにしていないか。

閣議で延々、ワンマンショーを繰り広げられるのもたまらない。首相には、この際、苦言を呈しておかなくては。

1月20日。ロンドンは雪。

クレメンタイン夫人と

ストーリーズゲートの官邸別館。コルヴィル秘書官が、風邪をひいてしまいベッドにふせっているチャーチルに、アトリーが送ってきた手紙をとどけた。

アトリーは「単刀直入」に斬りこんでいた。

首相が、準備されたレジュメすら読まず、「議題についてその事情を知る努力をしないまま」閣議にのぞむのは問題である。

8人で構成する戦争内閣メンバーではなく、責任を負える立場にないビーヴァーブルック王《おう》璽尚書《じしょうしょ》とブレンダン・ブラッケン情報相の意見ばかりをとりあげるのはいかがなものか。

たちまち、チャーチルは激高した。「これは社会主義者の陰謀だ」と。[†21]

ビーヴァーブルックとブラッケンに電話をして手紙の内容を告げたが、ふたりとも「それは副首相のほうに一理あります」と意外な反応。

そこへ、クレメンタイン夫人が入ってきた。

「ダーリン、ひどいことになってしまったよ」と言って、チャーチルが一部始終を話す。

「あら、アトリーさんは、誰もがみんな感じていることを仰《おつしや》っただけですよ。その勇気を尊敬しますね」とは、クレメンタイン。

チャーチルは口をあんぐりあけたまま、コルヴィルのほうに向きなおって彼を睨《にら》みつけた。

「アトラーだろうが、ヒトリーだろうが、こんなことは、もうおしまいだっ！」[†91]

アトリーにヒトラーを被《かぶ》せようとした、苦しまぎれのチャーチル冗句《ジョーク》!?　こればっかりは、何ともいただけない。

ヤルタ会談

1945年［昭和20年］2月3日。

ソ連南部の黒海沿岸地域。深い雪におおわれたクリミア[注24]のサキ空港に、英米ソ3国首脳と「ヤルタ会談」代表団700名を乗せた軍用機があいついで飛来。先着したチャーチルが、出迎えのソ連・モロトフ外相とともにテントのなかで待っていると、ルーズヴェルトが昇降リフトで乗機から降ろされるのが見えた。

「彼（ルーズヴェルト）は衰弱し、体の具合が悪い様子だった」。赤軍儀仗兵の閲兵式がおこなわれたが、「大統領はオープンカーに乗り、私（チャーチル）はそのそばを歩いた」[22]。

げんに、ルーズヴェルトはこの1年の間に、インフルエンザにかかり、気管支炎を発症し、心臓発作まで起こしていた。体重は9キロも落ちた[32]。

空港からヤルタまでは約100キロの道のり。ガタガタ道を7時間ほどたどって山地をぬけると、目の前に、陽ざしも暖かい黒海が広がっていた。

ヤルタは10ヵ月前まで戦場だった。激戦の傷痕《きずあと》はいたるところにあり、周辺では、地雷の撤去がまだ完全には終わっていなかった。

帝政ロシア時代の宮殿が、会談場と各首脳の宿舎にあてられていた。けれども、その家具調度類はドイツ軍が撤退する際に略奪していった。

スターリンの指令が飛ぶ。

ただちに、モスクワのホテルから備品類を引きはがし列車に詰めこめ！　コックやウェイター、客室メイドもろともヤルタへ送りこむのだ、と。

この時点で、英米軍はドイツ西部国境からライン川の西岸までドイツ軍を押し戻し、東部戦線ではポーランド・ワルシャワを解放したソ連軍が、戦前のポーランド・ドイツ国境に迫って

注24　1991年、ソ連邦崩壊により独立したウクライナの一部。2014年ロシア連邦が併合。

いた。

つまり、「1月の終わりには、ヒトラーの軍隊は事実上その本国領土内に押し込められ、かろうじてハンガリーと北イタリアにしがみついているだけだった」[†22]。

ヤルタ会談の8日間で、チャーチルは、いらいらを募《つの》らせるばかりだった。

ルーズヴェルトとは、地中海の英領マルタ島で落ち合ってから、ヤルタへ乗りこんで来た。問題点の「すり合わせ」を事前におこなうつもりだった。けれど、スターリンにあれこれ勘ぐられるのはよくない、と言うルーズヴェルトに事前ミーティングを断られた。

そのスターリンのほうは、自国内にサミット開催をひっぱって来られたこともあって、いっそう張り切っている。

会議では、「ドイツ解体」を言いつのり、200億ドルの賠償金を課そう、その半分の100億ドルはソ連の取り分だ、と主張した。

チャーチルはヤルタで「ポーランド問題」に決着をつけたかった。

第2次大戦の発火点であり、独ソ《山分け》の犠牲になったポーランドの独立はぜひとも勝ち取るつもりだ。

しかしスターリンは、ポーランドがソ連の安全保障上の脅威であってはならない、と言って、みずからの影響下においたままにしようとした。

結局、ソ連が急ぎ成立させた暫定政権の英米側による承認を条件に、英米の外交団がポーランドの総選挙を監視《モニター》することに。

ヤルタ会談での「ビッグ・スリー」

対日戦については、ルーズヴェルトとスターリンだけの話し合いで、「ドイツ降伏の2～3ヵ月後に、ロシアが日露戦争で失った領土と権益を回復させるのと引き換えにソ連が対日戦に参戦する」合意にいたった。[†92]

こうなりましたので、と説明されたチャーチルは、事後承諾するしかなかった。

アイゼンハワー元帥

ヤルタから戻って1ヵ月もしないうちに、ソ連が、選挙をモニターする外交団のポーランド入国を拒否してきた。チャーチルは「ヤルタでの合意に反している」と抗議をしたが、スターリンはまるで受けつけようとしなかった。

チャーチルとしては、ぼやきたくもなる。

「コミュニスト（共産主義者）と付き合うのは、ワニを口説くようなもの。相手が口を開けたときに、笑おうとしているのか、かぶりつかれるのか、こっちには、さっぱりわからない」[†32]のだからと。

チャーチルはルーズヴェルトにも、《共闘》を呼びかける電信を送ったが、なかなか返事が来ない。再度送ると「モスクワとの交渉は外交団レベルにまかせるべきです」と、埒《らち》が明かない。それでも、チャーチルは粘りつづける。だが、ルーズヴェルトは、はかばかしい反応をよこそうとはしなかった。

じつは、このときルーズヴェルトはすでに病床にあった。

チャーチルと気心の知れたハリー・ホプキンズも体調をくずしてホワイトハウスには不在で、チャーチル宛ての返電は大統領付参謀長のウィリアム・リーヒ提督が書いていた。

そんなことをチャーチルが知るのは、ずーっと後になってからだ。

3月も半ばにさしかかって、戦後の食糧支援問題を協議するために訪英してきた大統領特使から、ルーズヴェルトが病気にかかっている、と聞かされた。

驚いたチャーチルは見舞いの手紙を出した。

3月23日。オランダの東南部へ飛んだチャーチルは陸路でドイツ国境を越えて、ライン川西岸のイギリス軍司令部にいた。翌日おこなわれる「ライン渡河作戦」の視察である。

司令部には、首相の執務用と宿泊用にトレーラーハウスが2台用意されていた。

ドイツ北西部で、ライン川がオランダ国境へ向かって流れる「ラインベルクからリースにいたる約30キロの10ヵ所」が渡河予定地点。

作戦当日は、2千機超の航空機が動員され、「パラシュート兵1万4千名が敵戦線の背後に降下するのを皮切りに、全軍100万の前衛8万名が膨大な数の舟艇と鉄舟を使って」ライン川を

渡っていくのを、小高い丘の上から目撃した。[†22]

3月25日、イギリス軍司令部とはすこし離れて同じライン河畔にある連合国軍最高司令部に、アイゼンハワー元帥を訪ねて話し込んだ。

アイゼンハワーは前年12月に元帥に昇進していた。第2次大戦開戦時にはただの中佐でしかなかったアイゼンハワーが5年ちょっとで今や元帥である。

じつは、チャーチルとアイゼンハワー――というより米国――との間には、ドイツの首都攻略戦について、意見の対立があった。チャーチルは、東から攻めてくるソ連軍に先駆けてベルリンを攻略すべきだと主張していた。

アイゼンハワーは、ヒトラーはすでにベルリンを捨てて南ドイツに拠点を移そうとしているのだから、ドイツ南部を重点的に攻撃するつもりだった。

できるだけ早くドイツを降伏させ、米軍を速《すみ》やかに対日戦に投入しなければならないのが、自分の役割でもあるのだから。

「戦友」との涙の別れ

そのアイゼンハワーには、スターリンも接触してきていた。

こちらは電信を通じてだが、「現在ポーランド国内にあるソ連軍のベルリン進撃は5月中旬になるだろう」と知らせてきた。

チャーチルがライン河畔から帰国したあとも、アイゼンハワーとの間では電報のやりとりがつづく。そのなかで、アイゼンハワーは、「東進するアメリカ軍がエルベ川に達したら、そこから南下し、ライプツィヒ、ドレスデン方面へと向かう」と伝えてきた。

アイゼンハワーは、スターリンにも電信を送って、この方針を説明。

スターリンは、すぐさま、「ベルリン攻略を予定より1ヵ月早めよ」と命令した。[†22,32,59]

＊

4月1日。太平洋戦線のアメリカ軍が沖縄本島に上陸。

＊

4月12日。ルーズヴェルト大統領が、ジョージア州ウォームスプリングスの「リトル・ホワイトハウス」で、脳内出血により死去。

ハリー・トルーマン副大統領が第33代アメリカ大統領に就任した。チャーチルは、エレノア・ルーズヴェルト夫人と新大統領に弔電をおくった。

17日は、故大統領のイギリスにおける追悼式。チャーチルは、あふれ出る涙を拭《ぬぐ》おうともせずに、式場のセントポール大聖堂をあとにした。

4月25日。ベルリンの100キロ南方。エルベ川西岸のトルガウの市街地で、アメリカ軍とソ連軍が「エルベの出会い」を果たし、両軍の兵士たちが握手をかわした。

4月28日。イタリアのムッソリーニをパルチザンが銃殺。

兵力250万人、4万2千門の大砲、6千300両の戦車と車両、8千400機の飛行機を結集しベルリンを包囲していたソ連軍が、4月27日に総攻撃を開始。[†24]

4月30日。ヒトラーがベルリンの総統官邸で拳銃自殺。後継にはカール・デーニッツ海軍元帥を指名してあった。

5月1日、ベルリン陥落。7日、デーニッツ内閣のドイツが無条件降伏した。

＊

イギリスでは、ドイツ軍の襲来に利用されてはいけないからと、6年近くにわたり発表を差し止められてきた一般向けの天気予報が、5月7日に解禁された。

その「復活第1報」によると、「ヨーロッパ戦勝利の日（5月8日）」のロンドンの天候は「晴れのち雨」。

でも実際は、夜明け前に30分ほど激しい降雨があったものの、早朝からくっきり晴れわたる青空。正午近くには、イギリスの5月初旬にはめずらしいポカポカ陽気で、街じゅういたるところ、喜びに沸く人びとであふれかえった。[†93]

首相官邸——午後3時。チャーチルが、BBCラジオのマイクの前にすわった。

「昨日午前2時41分、アイゼンハワー将軍の司令部におきまして、ドイツ陸海空軍が連合国軍に無条件降伏する文書の調印がおこなわれました[†94]」

イギリスじゅうが、いや世界じゅうが、チャーチルのメッセージを聴いた。

爆撃で議場を破壊された下院議員たちは中庭に集まり、ラウドスピーカーのほうを見上げて聴いた。ソヴィエト訪問中のクレメンタイン・チャーチルは、モスクワの英国大使館で夫の放送を聴いていた。

4時過ぎには、ホワイトホールの官庁街が、歓呼する「人の波」で埋めつくされた。閣僚たちを両脇に従えて、保健省ビルのバルコニーに立ったチャーチルが、待ちかまえていた群衆に呼びかける。

「皆さん、ありがとう！　これは、あなた方の勝利です《ディス・イズ・ユア・ヴィクトリー》！」。すかさず、群衆のほうから声があがった。**「違う！　違う！　あんたのおかげさ」**[†94]。

早くも目を潤《うる》ませている、チャーチルがつづける。

「自由の大義が勝利したのです。わが国の長い歴史のなかでも、こんなに素晴らしい日はありませんでした」

夕暮れが近づこうとしているホワイトホールの街路では、愛国歌『ブリタニアよ、先頭に立て』の歌声がわきあがっていた。

10年ぶりの総選挙

チャーチルは前年10月に、ドイツが降伏したあとに総選挙を実施すると、議会に諮《はか》ってあった。選挙となれば、連立政権をどうするかも、与党間で協議しなければならない。最近、労働党との政策調整には軋《きし》みが目立つようになった。

労働党側からすれば、自分たちの政策提案が保守党強硬派のビーヴァーブルック王璽尚書《おうじしょうしょ》やブラッケン情報相の反対で骨抜きにされる。逆に、保守党側に言わせれば、賃金だ、住宅だ、福祉だ、と労働党に押されっぱなし。

それとチャーチルにとって、もっと厄介なのは、労働党における《権力の二重構造》。アトリーは党首といっても「議会労働党」のリーダーにすぎず、その上位に全国執行委員会があり、最高決定機関は党大会。

だから、連立政権に参加したときと同じように、それを継続するか離脱するかについても、アトリーは、執行委員会や党大会の場で了承をとらねばならない。

労働党全国執行委員会の現議長は、ロンドン大学経済政治学院教授ハロルド・ラスキ。チャーチルが、社会主義を目の敵にして攻撃する場合のメインターゲット。

また、総選挙となれば、チャーチルが政権をになって初めて経験するわけだから、世論の動向にも気をくばる必要がある。「ギャラップ調査」の内閣支持率は、そのときどきで多少の上げ下げはあるものの、80パーセント台の高率で推移していて、こちらは、まず問題なし。

労働党の支持率も1942年以来上昇線をたどっている。それも連立与党なればこそだろう。連立を解いたときにどうなるかの予測はむずかしい。

それよりも頭が痛いのは、去年から今年にかけて、下院議員の補欠選挙で保守党候補が3回も敗れていること。

総選挙が封印されて以降は、補欠選挙もおこなわれないことになっていた。欠員が生じた場合は「その議席を保有していた政党の候補者に無選挙で議席を与える《選挙休戦》が主要政党間でとりきめられていた」[†95]のだから。

議席をもたなかったベヴィン労相が1940年6月、無競争で下院に選出されたのはこのケース。

ではなぜ、補欠選挙が実施されたのか。

主要政党以外からの立候補や、保守党内抵抗勢力の無所属からの立候補があったのだ。そして、この無風地帯に起こった風が逆風となって、保守党候補を吹きとばした。

逆風は総選挙でも保守党に影響をおよぼすかもしれない。それでも現在の他党すべてとの議席差が、少々ちぢまる程度だろう。それに、総選挙の時期は早ければ早いほど、保守党にとってますます有利だろう。

5月18日。チャーチルは保守党の選対会議を開いてから、「アトリー、シンクレア（自由党党首）、アーネスト・ブラウン（連立派自由党党首）に手紙を送り、そのなかで対日戦争が終結するまで連立内閣を維持すること」に同意してほしいとしながらも、「選挙の日程を秋に設定するのには賛成できないと述べた」。

ようするに、連立は継続しつつ、夏のうちに解散・総選挙ということ。

夕方、アトリー副首相とベヴィン労相が官邸別館を訪れ、アトリーは、チャーチルの手紙の内容について、「ブラックプールで開催される労働党大会で党員を説得してみる」と言った。[†21]

ゲシュタポ・スピーチ

5月21日。チャーチルに、「ブラックプールのアトリーから電話が入り、首相の手紙に対し、これを拒否する回答をよこした」。

「首相、マクミラン（海外駐在国務相。この後すぐに空軍相）、ランドルフ（チャーチルの長男、保守党下院議員）の3人は、アトリーに対する回答の草案づくりに励んだ。彼らはしてやったりと思っている。というのも、まだ（日本戦の）大きな危険がのこっている段階で、連立内閣の存続を拒否し、団結よりも党派性を優先させた責任を労働党になすりつけることができるからだ」[†21]

5月23日。「政党間の明確な対立に直面したので、私（チャーチル）は国王に辞職を申し出た」[†25]。国王からは、チャーチルに暫定政権をつくるよう要請があり、保守党[注25]主体で第2次チャーチル内閣を組閣した。総選挙のスケジュールも、「6月15日・解散」、「7月5日・投票」でさだまった。

5月28日。新旧閣僚を招いて首相主催の「懇親パーティー」。

6月4日。チャーチルの選挙キャンペーン第一声が、BBCラジオから流れた。

「前内閣の労働党閣僚の多くは、連立をつづける心づもりでしたが、党全体としては連立継続への反対にまわりました」と切り出してから、しかし、社会主義はイギリスの自由の風土にはなじまないとし、さらに、「社会主義は全体主義となんら変わらないのです。はっきり言っておきますが、社会主義体制には政治警察がつきものです。最初は人間味があるように繕《つくろ》っていても、必ず、ゲシュタポのたぐいの組織に頼るようになるでしょう」[†32]。

誰もがあっけにとられていた。つい先日までの連立相手に対して、選《よ》りによって、ナチスの

注25 「連立残留」は連立派自由党と連立系無所属。自由党は労働党と共に離脱した。

国家秘密警察「**ゲ**ハイメ・**シュタ**ーツ**ポ**リツァイ」を、引き合いに出しているのだから。

アトリーはすぐさま反撃した。

「昨夜のスピーチで、労働党に対するあのようなこじつけぶりを聞いたとき、たちまち、首相の意図がはっきり読めました。挙国一致の偉大な戦争指導者ウィンストン・チャーチルと、保守党党首のチャーチル氏とでは、こんなにも違うんだということを、有権者にわからせるつもりなのでしょう」[†91]

＊

6月23日。沖縄の日本軍司令官と参謀長が割腹自決して、沖縄戦が事実上終了。戦死6万5千人、沖縄県民の死者約11万人[†24]。

＊

7月3日。イギリス全土を駆けめぐったチャーチル選挙戦の打ち上げは、ロンドン・ウォルサムストウ競技場。2万人の聴衆のなかの数千人の労働党支持者から、チャーチルに対するブーイングと、「アトリー！　アトリー！」の連呼がわき起こった。

投票は7月5日におこなわれたが、開票は、海外の兵士票集計のため、3週間後の26日。

チャーチルは、南フランスでの休暇に入り、7月15日には、トルーマン大統領が参加する英米ソ3国サミットのため、南仏ボルドーから直接ベルリンへ飛んだ。

史上最大のサプライズ

会談場は、ベルリン郊外ポツダムの旧ドイツ帝国皇太子の離宮《りきゅう》「ツェツィーリエンホーフ」。焼野原と化した森と、瓦礫《がれき》の山だらけの市街地から離れた湖畔に、ひっそりと佇《たたず》む。

チャーチルが、10歳年下のトルーマンと初対面の挨拶をかわした2日後に、米・ニューメキシコ州の砂漠における原子爆弾の爆発実験成功の知らせがベルリンにとどいた。

スターリンにはどう伝えるべきか。

チャーチルと相談したトルーマンが、会議が終了したあとの立ち話で、「新型爆弾を開発しましたよ」と告げたとき、スターリンはまるで興味なさそうに「そうかね」と応答するだけだった。

しかし宿舎に帰ると「アメリカに先を越されるとはどういうことだ！」とどなりまくった。ドイツ生まれの物理学者で、原爆製造のマンハッタン計画にかかわった「原爆スパイ」クラウス・フックスの情報を通じて、アメリカの進捗状況はとっくに承知していたし、核開発はソ連でも順調に進んでいます、との報告をうけていたわけだから。

チャーチルは会談を中座して、選挙の開票日をロンドンで迎えることになっていた。

票の集計はとうぜん操作するものだと思っているらしいスターリンは、「選挙なんかでビクビクしなさんな」と言って、チャーチルの帰国を見送った。

＊

7月26日・開票。

「労働党393」に対する「保守党213議席」。

前回1935年総選挙の「保守387」VS「労働154」がもろひっ繰り返っての《戦勝首相》の大敗北。いっぽうでは、労働党内閣が崩壊した後の、挙国政権（実質は保守党支配）下の1931年総選挙で保守党に壊滅させられ「236減」と惨敗した、労働党の《14年越し逆襲》とも言えるかも。

*

ニューヨーク・タイムズ紙は、「英国保守党の大敗、民主主義史上最大のサプライズ！」と報じた。[†32]

現職閣僚のブラッケン海相、エイマリー・インドビルマ相、マクミラン空相、ジェームズ・グリッグ陸相、ドナルド・サマヴィル内相の5人と、チャーチルの身内では、長男ランドルフと女婿《じょせい》ダンカン・サンズ閣外相が落選。

チャーチルの選挙区には、「首相に敬意を表して他党が候補者を立てなかったために、（チャーチルは）2万7千票で楽勝したが、ただひとりの無所属対立候補、週1日労働制を公約に掲げた陽気な暖炉職人が1万票以上も集めたのが注目された」[†2]。

主治医のモーラン卿がチャーチルを訪ねてきて、国民は恩義を忘れてしまったのでしょうかというと、首相は即座に「いや、そうじゃないよ」と答える。「そんなふうに考えたくはない。国民も長い間、ずいぶん苦労をしてきたのだからね」[†72]。

首相がバッキンガム宮殿に参上するシーンでも《新旧交代》は明らかで、お抱え運転手《ショウファー》付きロールスロイスのチャーチルと入れ替わりに、ヴァイオレット夫人が運転する大衆車ヒルマンの助手席に座ったアトリーが宮殿に到着し国王から組閣の要請をうけている、その間、新首相夫人は駐車場の車内で待機していた。[†96]

　この日、日本に無条件降伏を要求する、米英中3ヵ国共同の「ポツダム宣言」が公表された。中国国民党政府の蔣介石総統には、トルーマンが、電信のやりとりによって内容を知らせて了解をとった。ソ連は、4月に1年後の期限切れには更新しないと通告した日ソ中立条約が、まだ有効であるため参加していない。

　7月28日。日本の鈴木貫太郎《すずきかんたろう》首相が、記者会見で「3ヵ国共同宣言は黙殺する」と表明。

　8月6日。広島に原爆が投下された。「市の中心部の大半は、目もくらむような閃光のなかで崩壊した。およそ10万人が瞬時に殺され、さらにその後数万人《メニイサウザンズ》が放射線の被曝や火傷、衝撃波によって命を落とした。

　2日後、ソ連赤軍が国境線を越えて、満洲になだれ込んだ。

　8月9日、次なる原爆が長崎に投下され、3万5千人を殺した[†81]」。

　8月14日。ロンドン・クラリッジホテルのスイートルーム。

チャーチルがイーデン前外相と保守党の前閣僚数人をまねいたディナーが終わり、一同は別室にセットされたラジオの前に座った。

　アトリー首相が日本の降伏をぶっきらぼうに告げ、「戦争は終わりました《ザ・ウォー・ワズ・オーバー》！」と、むすんだ。[†32]

　前首相ウィンストン・チャーチルは、遠くを見るような目で、うん、うん、と二度うなずいたことだった。

エピローグ

私に、「スピーチをしないでくれ」と頼むなんて、ムカデに向かって「地べたに足をつけずにあっちへ行け」と言うようなもの。Ⓟ

——1940年1月21日・チャーチル海相のラジオスピーチに対して政府部内で不満がもちあがったときの《弁明》[20]

鉄のカーテン

1946年［昭和21年］3月5日。

米国ミズーリ州フルトンのウェストミンスター大学。

ウィンストン・チャーチル前イギリス首相の講演がヒートアップしていた。

英・米・仏の西側民主主義陣営と東側ソヴィエト共産圏による対立抗争の幕開けを告げたものとして、今に伝わる「鉄のカーテン・スピーチ」。

「バルト海のシュテッティン（現ポーランド・シュチェチン）からアドリア海のトリエステ（現イタリア）まで、大陸を縦断する鉄のカーテンが降ろされた[97]」

訪米中のチャーチルは、その前日、ハリー・トルーマン米大統領とともに、ワシントンから24時間かけて、大統領の故郷ミズーリへ専用列車でやって来た。——チャーチルに対するウェストミンスター大学の名誉学位授与式と、大統領が司会をする記念講演のために。

トルーマンとは、7ヵ月前の1945年7月26日に、チャーチルが「ポツダム会談」を中座し帰国して以来の再会だった。

ミズーリ州フルトンの《鉄のカーテン・スピーチ》は、つづいている。

「ワルシャワ、ベルリン、プラハ、ウィーン、ブダペスト、ベオグラード、ブカレスト、ソフィアという名高い都市とその周辺の住民がすべて、ソ連圏と呼ぶべき地域に入り、なんらかの形でソ連の影響下にあるのみならず、モスクワから厳しい統制を受け、多くの場合その統制はますます強化されつつある。

アテネだけが、不滅の栄誉を担うギリシャのアテネだけが、イギリス、アメリカ、フランスの監視下で選挙によってみずからの将来を決定する自由を保持している。ソ連支配下のポーランド政府は、ドイツへの大々的かつ不当な侵入を促され、数百万という想像を絶する数のドイツ人が、今追放されている最中である[†97]」

*

チャーチルは、1月のはじめにクイーンエリザベス号でニューヨークに着き、フロリダ州からカリブ海をめぐる長い休暇に入った。

ウェストミンスター大学からの招待は、その3ヵ月前に受けていた。戦争には勝利したものの、今度は戦勝国間で緊張が高まるなか、英米両国の強い絆をあらためて訴えかけるチャンス。71歳の身体にじゅうぶん休養をあたえながら、ウェストミンスター大での講演準備にじっくり取り組んだ。

休暇を切り上げてワシントン入りしてからは、英国大使館に滞在した。

駐米大使は、トルーマン政権との良好な関係をつづけたいベヴィン新外相の要請により、ハリファックス卿がつづけている。

チャーチルは、ジェームズ・バーンズ米国務長官に講演の内容について話して賛同をえると、病気療養中のハリファックス大使の寝室で、リハーサルまでした。

《鉄のカーテン・スピーチ》に対するアメリカのメディアの反応は、賛否、真っ二つだった。スターリンは、チャーチルがソ連に戦争を仕掛けようとしていると非難し、「ヒトラーと同じじゃないか！[†98]」と怒りを爆発させた。

イギリスでは労働党議員たちが激しく反発してクレメント・アトリー首相に対応をせまったが、アトリーは「外国における私人の資格による発言に対して、自分も駐米大使もコメントをする必要はない[†99]」と言って退《しりぞ》けた。

ウィンストン・チャーチルがふたり

「わたくし、ウィンストン・チャーチルは謹《つつし》んでウィンストン・チャーチル氏にご挨拶申し上げます[†100]」

アメリカ・ニューハンプシャー州在住の小説家は、受け取ったばかりの手紙を読み進むうちに、好ましげな笑みを浮かべていった。

ときは遡って1899年［明治32年］。

《わたくし、ウィンストン・チャーチル》が、のちにイギリス首相になるウィンストン・チャーチルであり、手紙の差出人。

ふたりとも日本で刊行された『世界文学事典』に名をつらねているのだが、そのなかから《アメリカのチャーチル》を引く。

＊

チャーチル，ウィンストン Winston Churchill （1871～1947）

アメリカの小説家。セントルイス生まれ。海軍兵学校出身。処女作『有名人』（1898）発表後、独立戦争や南北戦争に材料を求めた歴史小説『リチャード・カーヴェル』（99）や『危機』（1901）などでベストセラーの作家となる。ニューハンプシャー州の地方政治に参加するいっぽうで、政治小説『コニストン』（06）、『クルー氏の経歴』（08）を発表。その多くの著作は革新主義時代のアメリカ大衆に愛読された。[†101]

＊

アメリカのチャーチルのほうが3歳年上だが、ふたりともまだ20代であり、互いのことを知っていたわけではない。イギリスのチャーチルが、アメリカのチャーチルの存在に気づいたのは、この年5月、彼唯一の長編小説『サヴローラ』の雑誌連載がスタートしてから。

読者からの反響がすぐさまあった。が、どうも様子が違う。小説は初めて発表するのに、覚えのない前作と比較して感想をよせてくる。どうやら、作家のウィンストン・チャーチルが他にもいるらしい。

そこで、アメリカのチャーチルの存在をつきとめたイギリスのチャーチルは、ふたりともこれから名前を売り出していかなければならないのに、混乱が起きてもつまらないので、「自分のほうは、以後、《ウィンストン・スペンサー・チャーチル》と表記いたしましょう」と手紙を送ったというわけ。

アメリカのチャーチルは、すぐさま、「ウィンストン・チャーチルは、ウィンストン・チャーチル氏のご配慮に感謝します。しかし、ウィンストン・チャーチルには、残念ながらほかに加えられるミドルネームがありませんので、場合によっては、《アメリカの》ウィンストン・チャーチルとしてもかまいません」と返してきた。

自分の申し出が快く受け入れられたイギリスのチャーチルは、「それでも、わたし宛ての手紙は彼の住所に送られ、請求書はすべてこちらに舞いこんできた」と顔をしかめるふりをした。[†100]

《ふたりのウィンストン・チャーチル》には後日談がある。下院議員に当選したばかりのイギリスのチャーチルが講演旅行でアメリカを訪れたマサチューセッツ州ボストン。

アメリカのチャーチルが司会役をつとめた講演が終わったあと、ふたりでチャールズ川の河岸を散策した。

イギリスのチャーチルは、「ぼくはイギリスの首相になるつもりだけど、きみも政治の世界に入って大統領を目指さないか。大西洋をはさんで、同姓同名の大統領と首相がいるなんてす

ごいことだよ」と言った。[†102]

ノーベル文学賞

「自分の生活費はペンと舌で稼いできた」[†32]チャーチルは、生涯で、著書50・演説集150・新聞雑誌の記事を800以上も発表している。

１９４６年３月、《鉄のカーテン・スピーチ》を終えてアメリカから帰国したチャーチルは、第２次世界大戦の回想録『ザ・セカンド・ワールドウォー』全６巻［総ページ数４６６１］にとりかかった。首相兼国防相として戦争を指揮したのと同じように、文書リサーチャー、軍事アドバイザー、タイピストなどなどで編成された《文学部隊》を率いる一大オペレーション。この作戦はすでに、第１次大戦の回想録『ワールド・クライシス』全５巻［１９２３〜31年刊］[†103]で経験ずみだった。

チャーチルが自分の手で原稿を書いたのは、父親の伝記『ランドルフ・チャーチル卿』全２巻（１９０６年刊）[†104]まで。あとはすべて口述によるものだ。

まず、用意された文書類にチャーチルが目を通す。タイピストに文章を口述する。そのタイプ原稿からゲラ刷りをつくる。チャーチルが訂正を入れる。――この作業が延々つづく。

７年かかって、150万語が口述され、第１巻が１９４８年、最終巻は１９５４年に刊行された。全６巻の発行部数はイギリス本国だけで154万７千部の世界的ベストセラー。[†105][†106]

そして、「この回想録は歴史なんかじゃない。私の事件簿だ」[†105]と言っていたチャーチルだったが、「彼の優れた歴史著作と伝記、および人間性を高めるみごとなスピーチに対して」[†107] １９５３年［昭和28年］度のノーベル文学賞が授与された。

平和賞に決まったと早のみこみしたチャーチルは、「受賞の知らせに大喜びだったが、もらえるのが文学賞とわかると、たちまち関心を失ってしまった」[†108]。

贈賞式の当日、英・米・仏３国首脳によるバミューダ会談のためストックホルムへ行けないチャーチルにかわって、クレメンタイン夫人が出席し代理受賞。

チャーチルはクレメンタインに、「助かるよね。１万２千500ポンドの賞金は」[†32]と言った。

自分でレンガを積んだりしてせっせと手入れをしたカントリーハウスが[注26]、借金のせいで手放す寸前まで追い込まれて以来——実際に「売り出し不動産」のパンフレットにチャートウェル邸が載るところまで行ったが、友人たちの救済をうけて売らずにすんだ[†3]——、根っからの浪費家がこのころまでには、ちょっぴり《金銭感覚》も備えるようになったようだ。まあ、世間一般とは金額のケタが違ってはいるけれど。

＊

１９４９年［昭和24年］10月１日、中国に毛沢東《もうたくとう》の共産党政権（中華人民共和国）が成立。蒋介石の国民党政府（中華民国）は台湾に逃れたまま、国連安保理の常任理事国（英米仏ソ中）でありつづけた。

１９５０年２月23日、イギリス総選挙。労働党が辛勝（対保守党17議席差）し、アトリー首相は続投。チャーチルのふたりの女婿ダンカン・サンズ（長女ダイアナの夫）とクリストファー・

女王の手をうやうやしく握るチャーチル（左端はクレメンタイン夫人）

ソームズ（四女メアリーの夫）が当選。長男ランドルフは4回目の落選。

1950年6月25日、北朝鮮軍が韓国を侵攻し、朝鮮戦争が勃発。ソ連がボイコットした国連安保理で、米軍主体の国連軍の派遣を決定。北朝鮮側には共産党政権の中国人民解放軍が「抗米援朝《こうべいえんちょう》義勇軍」として参戦する展開になる。

1951年10月25日、ふたたびイギリス総選挙。今度は、保守党が小差（対労働党・26議席差）で勝利し、チャーチルが6年ぶりに首相に復帰した。

1952年2月6日、ジョージ6世が死去し、エリザベス2世女王が即位。翌年3月にはスターリンが死去。

1953年4月24日、チャーチル首相に対するガーター勲章の授章式。

注26　ケント州のチャートウェル邸。著作をうみだす工房でもあった。

エリザベス女王が、チャーチルに「〝ミスター・チャーチル、跪《ひざまず》きなさい〟と言葉をかけ、次に銀の剣を肩にそっと置き〝サー・ウィンストン、お立ちなさい〟[†109]」と命じた瞬間に、《サー・ウィンストン・チャーチル》が誕生した。

1953年［昭和28年］3月30日。

日本の皇太子明仁《あきひと》親王（19歳・現上皇）が欧米諸国訪問のため、ハワイ、サンフランシスコへ向け、米国船プレジデントウィルソン号で横浜港を出発。

アメリカ、カナダ訪問をすませて、ニューヨークからクイーンエリザベス号に乗船した皇太子一行は、サウサンプトンから列車でロンドン入り。

皇太子に随行してきた《昭和の名文記者》斎藤信也《さいとうしんや》は、さらさらと、まるでアニメーションのようなスケッチを描いてみせる。

「ロンドンは花束となって揺れている。きょう2日、無数の歓びの花束がひとつの大きな輪となって、グルグルまわっている」（6月3日付・朝日新聞朝刊[†110]）

6月2日は、エリザベス女王の戴冠式。

しかし、天皇の名代として式典に出席する明仁親王を待っていたのは、いっこうに収まらないイギリス国民の反日感情。

いっぽう、このころすでに日本を西側諸国のメンバーとみなし、「アメリカ主導の日本の再軍備に関しても、共産中国への対抗策として唯一のものであるとして異議を挟《はさ》まなかった[†52]」チャーチルは違っていた。

皇太子のエリザベス女王との「謁見《えつけん》の日取りを他国代表に先がけて設定する」ように配慮した。また、外相が主催するはずだった皇太子の歓迎午餐会《ランチヨン》を、イーデン外相の病気を理由に首相主催に変更。[†111]

日本皇太子の訪英に批判的だった人たちもふくむイギリス各界トップを招待した午餐会では、「政治的には日英間には深い溝があるかもしれないが、我々はこうして集《つど》い、友人として食し、かつ飲み交わすことができるのです」とスピーチをした。[†52]

1955年［昭和30年］4月、チャーチルは80歳で首相を退任。エリザベス女王からは、王族をのぞけばヴィクトリア女王時代以来とだえていた公爵家創設のオファーがあったが、チャーチルは「下院議員でありつづけたいと存じます」と言って固辞した。

ほんとうは、とっくに貴族の時代ではなく、ましてや公爵ともなると体面をたもつための物入りの多さは、《ペンと舌》で稼いできたチャーチルには現実離れして見えたから受けなかった、という説も伝わっている。

＊

1963年［昭和38年］4月、米国・ホワイトハウスのローズガーデン。ジョン・F・ケネディ大統領からチャーチル元イギリス首相へのアメリカ合衆国名誉市民タイトルの伝達式典。長男ランドルフと孫で同名のウィンストンが、チャーチルの代理をつとめ、本人はロンドンで衛星生中継の映像に見入っていた。すでに88歳。

1964年7月27日、最後の下院登院。10月総選挙への不出馬を表明。

1965年［昭和40年］1月10日。ロンドン・ハイドパークゲートの自宅で、心臓発作を起こしたのちに昏睡状態におちいる。

1月12日、女婿《じょせい》のクリストファー・ソームズ下院議員が、「シャンパンでも飲みましょうよ」と声をかけると、「……もう、じゅうぶんだね……」と、つぶやくように言った。それが家族とかわした最後の言葉[†112]。

倒れてから2週間後の朝8時過ぎ。

家族が見守るなか、呼吸がしだいに緩やかになり、フゥーッという一瞬の気配とともに、息をひきとった。70年前の父ランドルフと同じ1月24日のほぼ同じ時刻。90歳だった。

ウェストミンスターホールに、4日にわたり安置されたチャーチルの棺に別れを告げに、32万人が列をなした。

セントポール大聖堂でおこなわれた国葬には、国王が臣下の葬儀には出ない慣例をやぶって出席したエリザベス女王をはじめ、世界じゅうから3千人が参列した。

＊

チャーチルの公式伝記『ウィンストン・S・チャーチル』全8巻（総ページ数：8890）を手がけたマーティン・ギルバートは、最終巻のエピローグをチャーチルの言葉[注27]で閉じた。

戦いに臨《のぞ》めば決断
敗れたならば反攻
勝利にあって寛容
平和に対する真心[†92] Q

（完）

注27　これらの言葉は、第Ⅰ次世界大戦の記念碑の碑文として、フランスのある自治体の依頼でチャーチルが起草はしたものの記念碑は実現せず、その後、手をくわえたうえで『ザ・セカンド・ワールドウォー：全6巻』（邦題『第二次大戦回顧録』）各巻の冒頭に《この本の教え》として掲げてある。

1953年、エリザベス女王の戴冠式に臨むチャーチル
（後ろは息子のランドルフと、孫のウィンストン）

参考文献・引用文献及び参考資料

1.『チャーチル・ファクター——たった一人で歴史と世界を変える力』
ボリス・ジョンソン＝著・石塚雅彦・小林恭子＝訳・プレジデント社・2016年
Boris Johnson, THE CHURCHILL FACTOR, Hodder Paperbacks, 2015
2.『チャーチル——イギリス現代史を転換させた一人の政治家——増補版』
河合秀和＝著・中公新書・1998年
3.『イン・サーチ・オブ・チャーチル』
マーティン・ギルバート＝著
Martin Gilbert, IN SEARCH OF CHURCHILL：A historian's journey, Harper Collins Publishers, 1994.
4.『チャーチル：ア・ライフ』マーティン・ギルバート＝著
Martin Gilbert, CHURCHILL：A Life, A Minerva Paperback, 1992.（最初の出版はWilliam Heinemann社・1991年）。
5.『プロフェット・オブ・トゥルース：ウィンストン・チャーチル 1922-1939』
マーティン・ギルバート＝著
Martin Gilbert, PROPHET OF TRUTH：WINSTON S. CHURCHILL 1922-1939, A Minerva Paperback, 1990.（最初の出版はWilliam Heinemann社・1976年）。
6.『チャーチル：ザ・メンバー・フォー・ウッドフォード』デーヴィッド・トーマス著
David A. Thomas, CHURCHILL：The Member for Woodford, Frank Cass & Co. Ltd, 1995.
7.『チャーチル——不屈の指導者の肖像』ジョン・キーガン＝著・富山太佳夫＝訳
岩波書店・2015年
John Keegan, CHURCHILL, Weidenfeld & Nicolson, 2002
8.『チャーチル・ウォーペーパーズ 2』マーティン・ギルバート＝編
Martin Gilbert, THE CHURCHILL WAR PAPERS：Vol. 2, Heinemann, 1994
ウェブサイト
9.『CHURCHILL COLLEGE—UNIVERSITY OF CAMBRIDGE』：https://www.chu.cam.ac.uk
10.『わが半生』W・チャーチル＝著・中村祐吉＝訳・中公クラシックス・2014年
Winston Churchill, MY EARLY LIFE, Eland Publishing, 2012.（最初の出版はThornton Butterworth社・1930年）
11.『イギリス史 2』
G. M. トレヴェリアン＝著・大野真弓＝監訳・みすず書房・1974年
G. M. Trevelyan, HISTORY OF ENGLAND, Longmans, Green & Co., 1926, 1942, 1952.
12.『ウィンストン・チャーチル・アンド・ハーロウ』E・D・W・チャプリン＝編
E.D.W.Chaplin, WINSTON CHURCHILL AND HARROW：Memories of the Prime Minister's Schooldays 1888-1892, Harrow School Book Shop, 1941.
13.『チャーチル』テッド・モーガン＝著
Ted Morgan, CHURCHILL —Young Man in a Hurry, Simon and Schuster, 1982

14.『チャーチル・ウォーペーパーズ 3』マーティン・ギルバート＝編
Martin Gilbert, THE CHURCHILL WAR PAPERS : Vol. 3, Heinemann, 2000
15.『ザ・ラスト・ライオン 1932-1940』ウィリアム・マンチェスター＝著
William Manchester, THE LAST LION —Winston Spencer Churchill: Alone 1932-1940, Little, Brown, 1988
16.『ア・ガイド・トゥ・パーラメント』デーヴイッド・デーヴィス＝著
David Davis MP, A GUIDE TO PARLIAMENT, Penguin, 1989
17.『イン・ザ・ネーム・オブ・ゴッド，ゴー』ロジャー・ルイス＝著
Roger Louis , IN THE NAME OF GOD, GO !
—Leo Amery and the British Empire in the Age of Churchill, W. W. Norton, 1992
18.『チャーチル・ウォーペーパーズ Ⅰ』マーティン・ギルバー＝編
Martin Gilbert, THE CHURCHILL WAR PAPERS : Vol. 1, Heinemann, 1993
19.『エミネント・チャーチリアンズ』アンドリュー・ロバーツ＝著
Andrew Roberts, EMINENT CHURCHILLIANS, Weidenfeld & Nicholson, 1994
20.『ザ・ホーリーフォックス』アンドリュー・ロバーツ＝著
Andrew Roberts,'THE HOLY FOX' The Life of Lord Halifax, Phoenix Giant, 1991
21.『ダウニング街日記――首相チャーチルのかたわらで 上・下』ジョン・コルヴィル＝著・都築忠七・見市雅俊・光永雅明＝訳・平凡社・1990年
John Colville, THE FRINGES OF POWER ——10 Downing Street Diaries 1939-1955
W. W. Norton, 1985
22.『第二次世界大戦Ⅰ－4』ウィンストン・チャーチル＝著・佐藤亮一＝訳
河出文庫・1983年～1984年
Winston S. Churchill, MEMOIRS OF THE SECOND WORLD WAR
An ABRIDGEMENT of the six volumes of The Second World War, Bonanza Books, 1978
23.『アーネスト・ベヴィン』マーク・スティーヴンス＝著
Mark Stephens, ERNEST BEVIN：Unskilled Labourer and World Statesman
A TGWU Publication, 1981
24.『図説 第二次世界大戦』太平洋戦争研究室・河出書房新社・1998年
25.『第二次大戦回顧録　Ⅰ－24』ウィンストン・チャーチル＝著・毎日新聞翻訳委員会＝訳
毎日新聞社・1949年～1955年
Winston S. Churchill,　THE SECOND WORLD WAR, Volume Ⅰ－Ⅵ
Cassell & Co. Ltd., 1948, 1949, 1950, 1951, 1952, 1954.
26.『ケインズ』伊東光晴＝著・岩波新書・1962年
27.『ヒトラー対チャーチル―80日間の激闘』ジョン・ルカーチ＝著・秋津 信＝訳
共同通信社・1995年
John Lukacs, THE DUEL —— The Eighty-Days Struggle Between Churchill & Hitler, Yale University Press,1990
28.『ファイブデーズ・イン・ロンドン』ジョン・ルカーチ＝著
John Lukacs, FIVE DAYS IN LONDON MAY 1940, Yale University Press,1999

29.『危機の指導者・チャーチル』冨田浩司＝著・新潮選書・2011 年
30.『アドルフ・ヒトラー 3』ジョン・トーランド＝著・永井 淳＝訳・集英社文庫・1990 年
John Toland, ADOLF HITLER, 1976
31.『ケネディ家の呪い』エドワード・クライン＝著・金重 紘＝訳・集英社・2005 年
Edward Klein, THE KENNEDY CURSE, Trident Media Group, 2003
32.『ザ・ラスト・ライオン 1940-1965』ウィリアム・マンチェスター＆ポール・リード＝著・2012 年
William Manchester and Paul Reid, THE LAST LION —Winston Spencer Churchill: Defender of the Realm,1940-1965, Little, Brown, 2012
33.『チャーチル ＆ シークレットサービス』デーヴィッド・スタッフォード＝著・1997 年
David Stafford, CHURCHILL AND SECRET SERVICE, John Murray (Publishers) Ltd, 1997
34.『謀略――第二次世界大戦秘史・上』アンソニー・ケイヴ・ブラウン＝著・小城 正＝訳
フジ出版社・1982 年
Anthony Cave Brown, BODYGUARD OF LIES, Harper & Row, 1975
35.『ファイネスト・アワー：ウィンストン・チャーチル 1939-1941』
マーティン・ギルバート＝著
Martin Gilbert, FINEST HOUR：WINSTON S. CHURCHILL 1939-1941, A Minerva Paperback, 1989.（最初の出版は William Heinemann 社・1983 年）。
36.『ダウニングストリート・ザ・ウォーイヤーズ』ジョン・マーティン＝著・1991 年
John Martin, DOWNING STREET—THE WAR YEARS, Bloomsbury Publishing Limited, 1991
ウェブサイト
37.『参議院決算委員会会議録（平成 27 年［2015 年］2 月 6 日）』：https://kokkai.ndl.go.jp
38.『指導者とは』リチャード・ニクソン＝著・徳岡孝夫＝訳・文藝春秋・1986 年
Richard Nixon, LEADERS, Warner Books, 1982
39.『少年チャーチルの戦い』シリア・サンズ＝著・河合秀和＝訳・集英社・1998 年
Celia Sandys, FROM WINSTON WITH LOVE, 1994
40.『ザ・ラスト・ライオン 1874-1932』ウィリアム・マンチェスター＝著
William Manchester, THE LAST LION：Winston Spencer Churchill,
Vision of Glory 1874-1932, Little, Brown, 1983
41.『マラカンド野戦軍記（仮邦題）』ウィンストン・チャーチル＝著
Winston S. Churchill, THE STORY OF MALAKAND FIELD FORCE：An Episode for Frontier War, Leo Cooper, 1989.（最初の出版は Dover Publications 社・1898 年）。
42.『河畔の戦い（仮邦題）』ウィンストン・チャーチル＝著
Winston S. Churchill, THE RIVER WAR：A Historical Account of the Reconquest of the Soudan, Forgotten Books, 2015.（最初の出版は Longmans, Green 社＜2 巻本＞・1899 年）。
43.『八月の砲声』バーバラ・タックマン＝著・山室まりや＝訳 筑摩書房・1965 年
Barbara W. Tuchman, THE GUNS OF AUGUST, 1962
44.『外交回想録』重光 葵＝著・中公文庫・2011 年
45.『太平洋戦争への道・開戦外交史＜新装版＞6 ：南方進出』

日本国際政治学会太平洋戦争原因研究部＝編・朝日新聞社・1987年
46.『昭和の動乱（下）』重光 葵＝著・中公文庫・2001年
47.『松岡洋右——その人間と外交』三輪公忠＝著・中公新書・1971年
48.『重光葵——上海事変から国連加盟まで』渡邊行男＝著・中公新書・1996年
49.『太平洋戦争への道・開戦外交史＜新装版＞5：三国同盟・日ソ中立条約』及び『付録』
日本国際政治学会太平洋戦争原因研究部＝編・朝日新聞社・1987年
『回想の日本外交』西 春彦＝著・岩波新書・1965年
50.『欺かれた歴史——松岡洋右と三国同盟の裏側』斎藤良衛＝著・中公文庫・2012年
51.『太平洋戦争への道・開戦外交史＜新装版＞7：日米開戦』
日本国際政治学会太平洋戦争原因研究部＝編・朝日新聞社・1987年
52.『大英帝国の親日派——なぜ開戦は避けられなかったか』アントニー・ベスト＝著・
武田知己＝訳・中公叢書・2015年
53.『ザ・セカンド・ワールドウォー Ⅲ』ウィンストン・チャーチル＝著
（邦題『第二次大戦回顧録』）
Winston S. Churchill, THE SECOND WORLD WAR：Volume Ⅲ
——The Grand Alliance, Houghton Mifflin Company, 1950.
54.『偽りの同盟——チャーチルとスターリンの間』秋野 豊＝著・勁草書房・1998年
55.『ザ・ファースト・サミット』セオドア・ウィルソン＝著
Theodore Wilson, THE FIRST SUMMIT：Roosevelt and Churchill at Placentia Bay 1941,
Houghton Mifflin Company, 1969
56.『アズ・ヒー・ソウ・イット』エリオット・ルーズヴェルト＝著
Elliott Roosevelt, AS HE SAW IT, Duell, Sloan & Pearce, 1946
57.『ザ・グレーテスト・オブ・フレンズ』キース・オルドリット＝著
Keith Alldritt, THE GREATEST OF FRIENDS：
Franklin D. Roosevelt and Winston Churchill 1941-1945, Robert Hale Limited, 1995
58.『初代マールバラ公爵伝（仮邦題）』ウィンストン・チャーチル＝著
Right Honourable Sir Winston S. Churchill, MARLBOROUGH：His Life and Times,
Vols Ⅰ—Ⅳ, Sphere Books, 1967.（最初の出版はGeorge H. Harrap社・1933-38年）
59.『チャーチル・アンド・アメリカ』マーティン・ギルバート＝著
Martin Gilbert, CHURCHILL and AMERICA, Pocket Books, 2006
60.『米國に使して——日米交渉の回顧』野村吉三郎＝著・岩波書店・1946年
61.『続重光葵手記』伊藤隆・渡邊行男＝編・中央公論社・1988年
62.『チャーチル：不屈のリーダーシップ』ポール・ジョンソン＝著
山岡洋一・高遠裕子＝訳・日経BP社・2013年
Paul Johnson, CHURCHILL, Penguin Books, 2010
63.『ヒロヒト・アンド・メーキング・オブ・モダン・ジャパン』
ハーバート・ビックス＝著
Herbert Bix, HIROHITO AND THE MAKING OF MODERN JAPAN
Harper Collins Publishers, 2000

64.『フランクリン・ローズヴェルト（上）（下）――日米開戦への道』
ドリス・カーンズ・グッドウィン＝著・砂村榮利子・山下淑美＝訳
中央公論新社・2014年
Doris Kearns Goodwin, NO ORDINARY TIME：Franklin & Eleanor Roosevelt；
The Home Front in World War Ⅱ, Simon & Schuster Paperbacks, 1994
65.『チャーチル――不屈の戦士』人物現代史4　大森 実＝著・講談社・1978年
66.『ルーズヴェルト＆チャーチル：ゼア・シークレット・ウォータイム・コレスポンデンス』
フランシス・ローウェンヘイム他＝編
ROOSEVELT AND CHURCHILL：Their Secret Wartime Correspondence,
Edited by Francis Loewenheim, Harold Langley, Manfred Joanes：
Barrie & Jenkins Ltd：London, 1975
67.『時代の一面――東郷茂徳 大戦外交の手記』東郷茂徳＝著・中公文庫・1989年
68.『エフ・ディー・アール――ア・バイオグラフィー』テッド・モーガン＝著
Ted Morgan, FDR：A Biography, Simon and Schuster, 1985
69.『一青年外交官の太平洋戦争――日米開戦のワシントン→ベルリン陥落』藤山楢一＝著
新潮社・1989年
70.『泡沫の三十五年――日米交渉秘史』来栖三郎＝著・中公文庫・1986年
71.『アサインメント：チャーチル』ウォルター・トンプソン＝著
Walter Thompson, ASSIGNMENT：CHURCHILL, Popular Library, 1955
72.『チャーチル――生存の戦い』ロード・モーラン＝著　新庄哲夫＝訳
河出書房新社・1967年
Lord Moran, WINSTON CHURCHILL：The Struggle for Survival 1940-1965,
Constable and Company, 1966
73.『アメリカ大統領――最高権力をつかんだ男たち』宇佐美 滋＝著・講談社・1988年
74.『ロード・トゥ・ヴィクトリー：ウィンストン・チャーチル 1941-1945』
マーティン・ギルバート＝著
Martin Gilbert, ROAD TO VICTORY：WINSTON S.CHURCHILL 1941-1945
A Minerva Paperback, 1989.（最初の出版はWilliam Heinemann社・1986年）。
75.『アイ・ワズ・チャーチルズ・シャドウ』W・H・トンプソン＝著
W.H.Thompson, I WAS CHURCHILL'S SHADOW, Christopher Johnson ,1951
76.『ウィンストン・チャーチル：25イヤーズ・オブ・ヒズ・スピーチ　1918-1943：
サム・チキン！ サム・ネック！』（音声資料）
WINSTON CHURCHILL：25 YEARS OF HIS SPEECHES 1918-1943, December 30th, 1941 SOME CHICKEN! SOME NECK!, PolyGram Record Operations Ltd, 1994
77.『チャーチル』ロバート・ペイン＝著・佐藤亮一＝訳・法政大学出版局・1993年
Robert Payne, The Great Man　A PORTRAIT OF WINSTON CHURCHILL
Coward, McCann & Geoghegan, Inc., 1974
78.『東京奇襲』T・W・ローソン＝著・野田昌宏＝訳・朝日ソノラマ・1982年
Ted W. Lawson, THIRTY SECONDS OVER TOKYO, Random House Inc.,1943

79.『砂漠のキツネ』パウル・カレル＝著・松谷健二＝訳・中央公論社・1998年
80.『ロンメル将軍』デズモンド・ヤング＝著・清水政二＝訳・ハヤカワ文庫・1978年
81.『第二次世界大戦 1939-45 上・中・下』アントニー・ビーヴァー＝著・平賀秀明＝訳
白水社・2015年
Antony Beevor, THE SECOND WORLD WAR , 2012
82.『チャーチル：ジ・エンド・オブ・グローリー』ジョン・チャームリー＝著
John Charmley, CHURCHILL：THE END OF GLORY—A Political Biography,
Hodder & Stoughton, 1993
83.『ザ・セカンド・ワールドウォー Ⅳ』ウィンストン・チャーチル＝著
（邦題『第二次大戦回顧録』）
Winston S. Churchill, THE SECOND WORLD WAR：Volume Ⅳ
——The Grand Alliance, Houghton Mifflin Company, 1950
84.『スターリン秘録』斎藤 勉＝著・扶桑社文庫・2009年
85.『スターリン——「非道の独裁者」の実像』横手慎二＝著・中公新書・2014年
86.『地図で読む世界の歴史：第二次世界大戦』ジョン・ピムロット＝著・田川憲二郎＝訳
河出書房新社・2000年
John Pimlott, THE VIKING ATLAS OF WORLD WAR Ⅱ , Swanston Publishing Ltd.,1995
87.『ウィンストン・チャーチル：ウォータイム・スピーチ 1939-1945：
ジ・エンド・オブ・ザ・ビギニング』（音声資料）
WINSTON CHURCHILL：WARTIME SPEECHES 1939-1945, November 10th, 1942
THE END OF THE BEGINNING, PolyGram Record Operations Ltd, 1994
88.『ザ・セカンド・ワールドウォー Ⅴ』ウィンストン・チャーチル＝著
（邦題『第二次大戦回顧録』）
Winston S. Churchill, THE SECOND WORLD WAR：Volume Ⅴ
——Closing the Ring, Houghton Mifflin Company, 1951
89.『ノルマンディー上陸作戦 1944 上・下』アントニー・ビーヴァー＝著
平賀秀明＝訳・白水社・2011年
Antony Beevor, D-DAY：The Battle for Normandy, 2009
90.『ちょっとピンぼけ』ロバート・キャパ＝著・川添浩史・井上清一＝訳・
文春文庫 1979年 Robert Capa, SLIGHTLY OUT OF FOCUS, 1947
91.『アトリー』ケネス・ハリス＝著
Kenneth Harris, ATTLEE , Weidenfeld Paperbacks, 1982
92.『ザ・セカンド・ワールドウォー Ⅵ』ウィンストン・チャーチル＝著
（邦題『第二次大戦回顧録』）
Winston S. Churchill, THE SECOND WORLD WAR：Volume Ⅵ
——Triumph and Tragedy, Houghton Mifflin Company, 1951
93.『ザ・デー・ザ・ウォー・エンデッド』マーティン・ギルバート＝著
Martin Gilbert, THE DAY THE WAR ENDED：May 8, 1945 — Victory in Europe,
Henry Holt,1995

94.『ウィンストン・チャーチル：ウォータイム・スピーチ　1939-1945：
ディス・イズ・ユア・ヴィクトリー』（音声資料）
WINSTON CHURCHILL：WARTIME SPEECHES　1939-1945, May 8th, 1945
THIS IS YOUR VICTORY, PolyGram Record Operations Ltd, 1994
95.『イギリス労働運動史 III』G. D. H. コール＝著・林健太郎・川上民雄・嘉治元郎＝訳
岩波現代叢書・1957 年
George Douglas Howard Cole,
A Short History of British Working-Class Movement 1789-1947
96.『クレメント・アトリー――チャーチルを破った男』
河合秀和＝著・中公選書・2022 年
97.『チャーチルは語る』マーティン・ギルバート＝編・浅岡政子＝訳
河出書房新社・2018 年
Selected, Edited and Introduced by Martin Gilbert,
CHURCHILL：The Power of Words, A Bantam Book, 2014
98『メムワーズ・オブ・ザ・セカンド・ワールドウォー』ウィンストン・チャーチル＝著（邦題『第二次世界大戦』）
Winston S. Churchill, MEMOIRS OF THE SECOND WORLD WAR
An ABRIDGEMENT of the six volumes of The Second World War, Bonanza Books, 1978
99.『ネヴァー・デスペア：ウィンストン・チャーチル 1945-1965』
マーティン・ギルバート＝著
Martin Gilbert, NEVER DESPAIR：WINSTON S. CHURCHILL 1945-1965
A Minerva Paperback, 1991.（最初の出版は William Heinemann 社・1988 年）
100.『マイ・アーリーライフ』ウィンストン・チャーチル＝著（邦題『わが半生』）
Winston Churchill, MY EARLY LIFE, Eland Publishing, 2012.
（最初の出版は Thornton Butterworth 社・1930 年）
101.『集英社 世界文学大事典』全 6 巻
世界文学大事典編集委員会＝編・集英社・1996 年 -1998 年
102.『ユース：ウィンストン・チャーチル 1874-1900』ランドルフ・チャーチル＝著
Randolph S. Churchill, YOUTH：WINSTON S. CHURCHILL 1874-1900
A Minerva Paperback, 1991.（最初の出版は William Heinemann 社・1966 年）
103.『ザ・ワールドクライシス』ウィンストン・チャーチル＝著
Winston S. Churchill, THE WORLD CRISIS：An Abridgment of the Classic 4-Volume History of World War Ⅰ, Charles Scribner's Sons, 1992. The 4-Volume Edition published in 1923-31.
（4-Volume Edition の「Vol 3」は 2 分冊）
104.『ランドルフ・チャーチル卿（仮邦題）』ウィンストン・チャーチル＝著
Winston Spencer Churchill, LORD RANDOLPH CHURCHILL：Vols Ⅰ－Ⅱ,
Macmillan & Co. Ltd., 1906
105.『アーティラリー・オブ・ワーズ』フレデリック・ウッズ＝著
Frederick Woods, ARTILLERY OF WORDS：The Writings of Sir Winston Churchill,

Leo Cooper, 1992
106.『チャーチル：ザ・ライター』キース・オールドリット＝著
Keith Alldritt, CHURCHILL—THE WRITER：His Life as a Man of Letters, Hutchinson, 1992
107『ノーベルプライズ・ライブラリー』アレクシス・グレゴリー＆グロリアー・エンタープライゼズ＝編
Alexis Gregory & Grolier Enterprises Corp., NOBEL PRIZE LIBRARY：Albert Camus, Winston Churchill, Helvetica Press, Inc., 1971
108.『ロング・サンセット』アンソニー・モンターギュ・ブラウン＝著
Anthony Montague Browne, LONG SUNSET：Memoirs of Winston Churchill's Last Private Secretary, Cassell Publishers Ltd, 1995
109『チャーチル』ソフィー・ドゥデ＝著
神田順子＝訳・祥伝社新書・2015年
Sophie Doudet, CHURCHILL, Editions Gallimard, Paris, 2013
110.『新聞記者 斎藤信也――昭和を名文で綴った男』
斎藤信也遺稿追悼集編集委員会＝編・素朴社・1990年
111.『チャーチルが愛した日本』関 榮次＝著・PHP新書・2008年
112.『クレメンタイン・チャーチル』メアリー・ソームズ＝著
Mary Soames, CLEMENTINE CHURCHILL, Penguin Books, 1981

チャーチルの言葉

🅐 絶対に屈伏してはなりません。断じて!　断じて!　断じて!

＜1941.10.29. ハーロウ校＞

Never give in, never, never, never.

(Gilbert, THE CHURCHILL WAR PAPERS, Volume 3:Speech, Harrow School Archive)

🅑 私がここでお約束できるのは、血と汗と涙と苦汁だけであります。

＜1940.5.13. イギリス下院＞

I have nothing to offer but blood, toil, tears and sweat.

(Gilbert, THE CHURCHILL WAR PAPERS, Volume 2:Speech, House of Commons)

🅒「血を流して戦う国民ならば再起できるが、おとなしく降伏するようでは滅びるだけだ」とチャーチルは声を大にして言った。

＜1940.5.28. 戦争閣議＞

The Prime Minister said that the nations which went down fighting rose again, but those which surrendered tamely were finished.

(Gilbert, THE CHURCHILL WAR PAPERS, Volume 2:War Cabinet, Confidential Annex)

🅓 我々は、海岸で闘い、敵の上陸地点で闘う。我々は、野原で闘い、街で闘い、山々で闘う。我々はけっして降伏しない。

＜1940.6.4. イギリス下院＞(冨田浩司=著『危機の指導者・チャーチル』)

We shall fight on the beaches, we shall fight on the landing grounds, we shall fight in the fields and in the streets, we shall fight in the hills; we shall never surrender.

(Gilbert, THE CHURCHILL WAR PAPERS, Volume 2:Speech, House of Commons)

🅔 そっちの悪逆無道に対して、我々は全身全霊で戦う!

＜1941.7.14. ロンドン州議会ホール＞(『チャーチル・ウォーペーパーズ III』)

You do your worst – and we will do our best.

(Gilbert, THE CHURCHILL WAR PAPERS, Volume 3)

Ⓕ 父の国から母の国に来たのは喜ばしいというのが第一声だった。

(リチャード・ニクソン著『指導者とは』徳岡孝夫=訳)

He said that he was glad to be coming from his fatherland to his mother's land. (Richard Nixon, LEADERS)

Ⓖ もしヒトラーが地獄に侵攻するようなら、とにかく、≪ガンバレ、悪魔!≫と下院で応援するまでだ。

(チャーチル著『セカンド・ワールドウォー③』)

If Hitler invaded Hell I would make at least a favourable reference to the Devil in the House of Commons.

(Winston S. Churchill, THE SECOND WORLD WAR : Volume III)

Ⓗ 若い娘に熱をあげる男みたいになって、私はルーズヴェルト大統領をくどいた。

(マーティン・ギルバート著『チャーチル&アメリカ』)

I have wooed President Roosevelt as a man might woo a maid.

(Martin Gilbert, CHURCHILL AND AMERICA)

Ⓘ 私はルーズヴェルト大統領という愛人の気まぐれを研究しつくした。

(ジョン・コルヴィル著『フリンジズ・オブ・パワー』:邦題『ダウニング街日記』)

No lover ever studied every whim of his mistress as I did those of President Roosevelt. (John Colville, THE FRINGES OF POWER)

Ⓙ 大統領閣下に対しまして、隠しごとはいっさい致しません。

(マーティン・ギルバート著『チャーチル &アメリカ』)

You see, Mr President, I have nothing to conceal from you.

(Martin Gilbert, CHURCHILL AND AMERICA)

Ⓚ 敗北と不名誉とはわけが違う。

(ドリス・カーンズ・グッドウィン著『フランクリン・ローズヴェルト(下)』砂村榮利子・山下淑美=訳)

Defeat is one thing ; disgrace is another.

(Winston S. Churchill, THE SECOND WORLD WAR ; Volume IV)

Ⓛ まさかのときの友こそ、真の友である。

(チャーチル著『第二次世界大戦③』佐藤亮一=訳)

A friend in need is a friend indeed.

(Winston S. Churchill, THE SECOND WORLD WAR; Volume IV)

Ⓜ「ロンメル！　ロンメル！　ロンメル！　ロンメル！　奴を叩きのめす以外、何の問題があるのか」

(チャーチル著『第二次大戦回顧録⑮』毎日新聞翻訳委員会=訳)

"Rommel, Rommel, Rommel, Rommel ! "he cried. "What else matters but beating him? "

(Winston S. Churchill, THE SECOND WORLD WAR; Volume IV)

Ⓝ けれども、これで終わりではありません。終わりが始まってもいないのです。それでも、始まりの終わりとは言えましょう。

<1942年11月10日:シティ・オブ・ロンドン市長公邸>

Aha! This is not the end. It is not even the beginning of the end, but it is perhaps the end of the beginning.

(WINSTON CHURCHILL　WARTIME SPEECHES　1939-1945)

Ⓞ 皆さん、ありがとう！　これは、あなた方の勝利です」
「違う！　違う！　あんたのおかげさ」

<1945年5月8日保健省のバルコニー>

(『ウィンストン・チャーチル:ウォータイム・スピーチ　1939-1945』)

"God bless you all. This is your victory." "No, it is yours."

(WINSTON CHURCHILL　WARTIME SPEECHES　1939-1945)

Ⓟ 私に、「スピーチをしないでくれ」と頼むなんて、ムカデに向かって「地べたに足をつけずにあっちへ行け」と言うようなもの。

(アンドリュー・ロバーツ著『ホーリーフォックス』)

Asking me not to make a speech is like asking a centipede to get along and not put a foot on the ground.

(Andrew Roberts, THE HOLY FOX)

Q 戦いに臨めば決断	In War: Resolution
敗れたならば反攻	In Defeat: Defiance
勝利にあって寛容	In Victory: Magnanimity
平和に対する真心	In Peace: Goodwill

（マーティン・ギルバート著『ネヴァー・デスペア』）

（Martin Gilbert, 'NEVER DESPAIR' —Winston Churchill 1945－1965 ）

あとがき

まず、チャーチルの《公式伝記》についてリポートしておきます。

ジャーナリスト出身で下院議員をつとめたこともあるチャーチルの長男・ランドルフには、父親の伝記執筆を自分のライフワークにしたい思いがあり、そのことを何度も懇願していた。

けれども、チャーチルは頑《がん》として撥《は》ねのけつづけた。

そして、1962年。チャーチルが88歳を迎える年になって、父は息子にオーケーを出した――ただし、生前の出版はまかりならぬ、との条件付きで。

オックスフォード大の大学院を修了したばかりのマーティン・ギルバート（25歳）が、ランドルフ・チャーチルのアシスタントになり、公式伝記『ウィンストン・S・チャーチル』のプロジェクトがスタート。

1965年1月24日、ウィンストン・チャーチル死去。

伝記『第1巻 ユース』（1966年）と『第2巻 ヤングステーツマン』（1967年）刊行。

1968年、ランドルフ・チャーチル（57歳）病死。

ウィンストン・チャーチル夫人クレメンタインの指名により、マーティン・ギルバートがランドルフを後継する伝記作家に。

1988年、『第8巻 ネヴァー・デスペア』の出版で、本編・全8巻と資料編13巻がそろったが、この時点で1939年に差しかかったばかりの資料編の刊行はまだつづく。

1995年、本業の歴史学者として業績を積み上げてきたギルバートは、「イギリスの歴史と外交問題への貢献」によりナイト爵を授けられた。《サー・ウィンストン・チャーチルの公式伝記作家サー・マーティン・ギルバート》の誕生なのであった。

2014年、出版元がWilliam Heinemann社からHillsdale Press出版に移り、既刊の本編8巻と資料編16巻すべてが《新装Hillsdale版》になった。

2015年、マーティン・ギルバート（78歳）死去。後継者はそれまでギルバートのアシスタントをつとめてきた、米国人教育家のラリー・アーン。

2019年、資料編第23巻『1951年12月―1965年2月』の刊行によって『ウィンストン・S・チャーチル』全31巻（3万ページ超）が1966年の刊行開始から53年目に完結。

＊

田舎育ちの私の子ども時代に、本といえば学校の図書室の偉人伝。

P社やK社の野口英世であり、リンカーンだった。そう、恵まれない環境に生まれ育っても努力さえすれば……という定番。チャーチルの伝記もあったが、こちらは、学校の成績なんて気にしなくていいよ（と私には読めた）パターン。

高校生のころ読んだ、鶴見祐輔《つるみゆうすけ》『ウィンストン・チャーチル』をはじめ、日本の著者による評伝や翻訳された《チャーチルもの》に、ちょこちょこ当たってきた。そして30歳代後半になって河合秀和《かわいひでかず》教授のロングセラー『チャーチル』に巡《めぐ》り合ったのを契機にさまざまなチャーチル本を読むようになってから、私のチャーチル観が一変した。

それまでは、偉人伝の中の人にすぎなかったのに、チャーチルは、あの強面《こわもて》のスターリンですら、「小生（スターリン）は地獄の悪魔なのだそうですな」と言いつつ、ニッと笑わせてしまうほど《無類の人たらし》であることに魅せられていった。

チャーチルは《現代史の当事者&語り部《かたべ》》であり《歩くパブリシティー装置》だったことも強く印象付けられた。

たとえば、第2次大戦中の猛爆下のロンドンで、空爆のあとドイツ空軍機が写真ビラを撒《ま》いていった。

ピンストライプのスーツ姿で葉巻をくわえて機関銃を構えるチャーチルの写真。まるで、どこやらのギャングに騙《だま》されるな！　とでも言わんばかりに。

ところが、ビラを拾ったロンドンっ子たちは大喜びしたのである。

「だから、うちの親父《おやじ》さんは頼りになるのさ」と。

ナチスドイツのヨーゼフ・ゲッベルス宣伝相が、ビラ投下の中止を大あわてで指示したことは、言うまでもない。

＊

これまでに、さまざまな出会いがあった。

私たちの世代が魅了されたアメリカ現代史『栄光と夢』のウィリアム・マンチェスターは、チャーチル伝『ザ・ラスト・ライオン』の著者になって現れてくれた。

1953年2月、米紙『ボルチモア・サン』特派員だったマンチェスターは、中東とインドの取材に向かう途上の大西洋横断のクイーンメアリー号でチャーチル英首相に会い、若いころ同じように新聞特派員としてインドやアラブ世界をカバーした経験のあるチャーチルから、「きみの記事を楽しみにしているよ」と激励された。

マンチェスターは、『ザ・ラスト・ライオン』の第1巻（1983年）と第2巻（1988年）を出版し、最終第3巻の冒頭を執筆中の1998年に脳梗塞に襲われ、2004年に他界した。

旧知のジャーナリストであるポール・リードが共著者になって、マンチェスターが遺した膨大な取材ノートをもとに最終巻を完成させて出版したのは2012年。なにしろ、チャーチル伝の完成までには長い歳月を要するのである。

忘れられないのが、ロンドンのチャリングクロスロードで迷い込んだ《チャーチル専門古書店》のオーナーのこと——名前は失念した。

ロンドンの気候は本のメンテナンスにも老齢の身にもこたえるから、「いずれ、アメリカ・ニューメキシコ州の乾燥地帯に引っ込むつもり。大きな書庫と郵便とテレファクスさえあれば、世界中にいるお得意さんに迷惑をかけることはないよ」と言っていた。

30数年前の話だが、その後どうなったか。

＊

最後になりましたが、集英社インターナショナル並びに提携スタッフの皆さん、研究者でも作家でもない私を、ここまで連れて来ていただき誠にありがとうございました。

長年の友であり私の《チャーチル執着》を終始応援し、自らが責任編集した季刊誌に拙稿を連載したうえに本にする企画まで推進してくれた、バーマン&エッセイスト・島地《しまじ》勝彦《かつひこ》さん、本づくりの現場から離れてすでに20数年、まごまごしっ放しの私を根気よく先導してくれたエディター・佐藤眞さんに心からの感謝を申し上げます。

２０２３年10月

広《ひろ》谷《たに》直《なお》路《みち》

広谷直路（ひろたになおみち）

1942年、東京生まれ。東京外国語大学卒。ノンフィクションエディター。公益財団法人開高健記念会評議員。集英社グループの元編集者。PLAYBOY日本版編集長、翻訳書編集長、集英社新書編集部長、綜合社代表などを経験。

「泣《な》き虫《むし》」チャーチル　大英帝国《だいえいていこく》を救《すく》った男《おとこ》の物語《ものがたり》

二〇二三年一二月一〇日　第一刷発行

著者　広谷直路《ひろたになおみち》

発行者　岩瀬朗

発行所　株式会社 集英社インターナショナル
〒一〇一―〇〇六四　東京都千代田区神田猿楽町一―五―一八
電話　〇三―五二一一―二六三二

発売所　株式会社 集英社
〒一〇一―八〇五〇　東京都千代田区一ツ橋二―五―一〇
電話　〇三―三二三〇―六〇八〇（読者係）
〇三―三二三〇―六三九三（販売部）書店専用

印刷所　TOPPAN株式会社

製本所　ナショナル製本協同組合

 ISBN978-4-7976-7439-2 C0023